아들에게서 배우는 영성

아들에게서 배우는 영성

초판 발행 | 2013.11.7
지은이 | 박원철
펴낸이 | 이상만
교정 | 박원철
펴낸곳 | 오이코스
등록번호 | 제 2005-000224호
주소 | 서울 강남구 광평로56길 8-13(수서동) 수서타워 1902호
tel.02-409-3452
www.oikoskorea.com

책값은 뒤표지에 있습니다.
ISBN   9788995703991 03200

아들에게서 배우는 영성

박원철 지음

아들과 아버지에게
이 책을 바칩니다

차례

프롤로그

피하고 싶은 현실 속에서

피하고 싶은 현실 속에서

"아들이 칼을 들었어요"

경찰서로 걸려온 여인의 목소리는 다급하고 울먹이는 목소리였습니다. 사건이 일어난 2013년 7월 24일 새벽 4시경에 아버지는 술에 취한 채 거실에서 잠을 자고 있었습니다. 아버지는 평소에 술만 마시면 어머니를 폭행하고 집기류를 부쉈습니다. 이런 아버지에 대한 분노를 마음속에 품고 있던 대학생 아들은 잠자고 있는 아버지가 순간적으로 너무 증오스러워 칼로 여러 차례 찔러 살해했습니다. 사건 직후 아들의 어머니가 "아들이 칼을 들었다"고 경찰에 신고했습니다. 신고를 받은 경찰이 현장에 도착하자 순간적인 분노를 억누르지 못하고 아버지를 살해한 20대 아들은 자책감 때문인지 정신나간 사람처럼 피아노를 마구 두드리고 있었습니다.

전문가들은 이 사건을 잠재된 가정 폭력이 빚어낸 범죄로 판단합니다. 하지만 이 범죄의 이면에는 아버지와 아들 간의 사랑의 실종이라는 비극이 숨겨져 있습니다. 따뜻한 사랑 안에서 그 누구보다도 친밀해야 할 아버지와 아들의 관계가 사랑의 실종으로 말미암아 깨어지고 뒤틀렸기 때문에 결코 일어나서는 안될 비극이 발생한 것입니다.

폭력적인 아버지를 살해한 20대 아들의 사건은 무시무시한 충격으로 다가 왔습니다. 왜냐하면 나 역시 아들을 키우고 있는 아버지이기 때문입니다. 아들이 나를 향해 칼을 드는 장면을 상상만 해도 온 몸이 녹아 내릴 것 같은 오한이 몰려옵니다. 등골이 오싹하고 온 몸에 소름이 돋는 공포에 상상조차 하기 싫습니다.

사실 수 개월 전에 이제 7살이 넘은 아들이 아내를 향해 성질을 부리고 있는 내 앞을 가로 막고 두 손을 꼭 쥔 채 두 눈을 부릅뜨고 나를 째려 보았습니다. 그러면서 나를 향해 쏘아부쳤던 말이 아직도 귀 속에 맴돌고 있습니다. "아빠, 정말 나쁜 사람이다. 엄마한테 소리 지르면 안되지. 아빠는 목사잖아." 화가 난 아빠가 혹시라도 잔소리하는 자기에게 분풀이를 할까봐 조금 무서워하며 긴장한 어린 아들의 지청구에 순간 당황해서 멈칫했던 기억이 아직도 생생하게 남아 있습니다. 어린 아들이 다투고 있는 어머니와 아버지 사이를 가로 막고 잔소리하는 상황이 우습기도 하고 또 한편으로는 어린 아들에게 절대 보여줘서는 안될 아버지의 잘못된 모습을 보여준 것이 부끄러워서 아무 말도 못하고 머쓱한 얼굴로 그 자리를 피했습니다.

만약 내가 아들에게 계속해서 폭력적인 아버지의 모습을 보여주어 아들의 마음 속에 아버지를 향한 분노를 싹 트게 한다면 아버지와 아들 간의 사랑은 실종되고 말 것입니다. 그리고 사랑의 실종으로 말미암아 깨어지고 뒤틀려진 아버지와 아들의 관계는 결국에는 절대 일어나서는 안될 비극을 낳을 수도 있을 것입니다.

아들이 아버지를 죽이는 존속살해의 비극은 계속해서 일어나고 있습니다. 아버지를 살해한 뒤 암매장한 아들, 훈계하는 아버지를 살해한 아들, 보험금을 노리고 아버지를 살해한 아들, 명문대에 들어가지 못했다고 무시하는 교수 아버지를 살해한 아들 등등의 사건이 심심찮게 뉴스의 머릿기사를 장식합니다. 그리고 우리는 이런 아버지와 아들 간의 사랑이 실종된 피하고 싶은 현실 속에서 살아가고 있습니다. 그러나 아버지와 아들 간의 따뜻하고 친밀한 사랑이 회복되지 않는다면 이런 비극적인 현실을 결코 피할 수 없을 것입니다.

아들을 향한 육신적 아버지의 사랑이 아무리 크고 깊다고 할지라도 그 사랑에는 한계가 있습니다. 나는 친혈육인 아들을 키우면서 아버지의 사랑이 아무리 크다고 할지라도 육신적 아버지의 사랑은 불완전하고 한계가 있다는 사실을 절실히 깨달았습니다. 비록 내가 아버지로서 아들을 목숨처럼 사랑하지만 그럼에도 불구하고 아들을 향한 나의 사랑은 완전하지 않고 언제나 부족과 한계가 있습니다. 아들을 향한 아버지의 사랑 속에도 타락한 인간이기 때문에 어쩔 수 없이 가지게 되는 분노와 폭력성이 들어 있습니다. 또한 자기 중심적인 이기심이 감추어져 있습니다. 결국 타락하고 불완전한 인간이기 때문에 육신적 아버지가 아들을 향해 갖는 사랑도 불완전하고 제한적인 것입니다. 그리고 이런 불완전하고 제한적인 사랑이 가져오는 분노와 폭력성은 때때로 아버지와 아들 간의 사랑의 실종이라는 비극을 잉태합니다.

그러나 하나님 아버지의 사랑은 완전하고 한계가 없습니다. 하나님 아버지의 사랑은 육신적 아버지의 사랑과는 그 차원이 완전히 다릅니다. 완전한 존재와 불완전한 존재의 차이 입니다. 무한한 존재와 유한한 존재의 차이 입니다. 그래서 하나님 아버지의 사랑에는 부족과 한계가 없고 완전하고 온전합니다. 그런 하나님 아버지의 사랑을 예수님께서는 받으셨고 또한 하나님 아버지에게서 배우셨습니다. 그리고 예수님은 그런 하나님 아버지의 사랑으로 우리를 사랑하십니다. "아버지께서 나를 사랑하신 것 같이 나도 너희를 사랑하였으니"(요15:9). 그래서 우리를 향한 예수님의 사랑에는 아들을 향한 육신적 아버지의 사랑과는 비교할 수 없는 완전함과 무한함이 들어 있습니다.

하나님 아버지께서 독생자를 내어주시기까지 우리를 사랑하셨던 것처럼 예수님께서는 자신의 목숨을 십자가 위에서 내어주시기까지 우리를 사랑하셨습니다. 다시 말해, 자신의 생명을 희생하시기까지 우리를 사랑하는 마음이 바로 우리를 향한 예수 그리스도의 마음입니다. 그런데 이런 예수님의 사랑의 마음 속에 하나님 아버지의 마음이 모두 들어 있습니다. 하나님 아버지의 마음도 예수님처럼 우리를 대신하여 십자가 위에서 죽기 원하시는 사랑의 마음입니다. 그리고 이것이 바로 그분의 자녀들인 우리를 향한 하나님 아버지의 마음입니다. 그러므로 예수님의 희생, 용서, 사랑의 마음 속에 우리를 향하신 하나님 아버지의 마음이 모두 다 포함되어 있는 것입니다.

나는 우리를 향한 이런 하나님 아버지의 사랑을 아들을 키우면서 좀 더 분명히 알게 되고 더 깊이 깨닫게 되었습니다. 그러한 영적 깨달음이 다양한 주제로 이 책에 소박하게 담겨 있습니다. 또한 아들을 키우면서 하나님 아버지의 사랑을 회복해 가는 한 아버지의 영적 성장의 여정이 소소하게 그려져 있습니다. 그러므로 이 책을 다 읽은 분들의 마음 속에 하나님 아버지의 완전하고 한계가 없는 무한한 사랑이 가득 차고 넘치기를 바랍니다. 그리하여 아들이 아버지를 살해하는 피하고 싶은 현실 속에서 아버지와 아들의 실종된 사랑이 회복되기를 소망합니다. 뿐만 아니라 가족간의, 친구간의, 이웃간의 실종된 사랑이 온전히 회복되기를 소망합니다.

제1부

사랑은 하나의 완전한 고통

01
아들이 범인이라고 말하지 말라

"이에 일어나서 아버지께로 돌아가니라 아직도 거리가 먼데 아버지가
그를 보고 측은히 여겨 달려가 목을 안고 입을 맞추니" _ 눅15:20

중학교 2학년 때에 어머니가 수술을 받기 위해 병원에 약 2주 정도 입원하셨던 적이 있습니다. 그 때 어머니 대신 아버지께서 요리를 하여 밥상을 차려 주셨습니다. 하지만 아버지께서 만들어 주시는 음식이 대체적으로 맛이 별로 없었습니다. 그래서 때때로 배가 부르다는 핑계를 대며 아버지께서 정성스럽게 손수 차려 주시는 밥을 먹지 않고 집에서 나와, 가지고 있던 용돈으로 먹고 싶은 음식을 사먹곤 했습니다. 그 날도 여느 때처럼 배가 부르다는 핑계를 댄 후 아버지께서 차려주신 밥을 먹지 않고 나와서 집 근처에 있는 분식집에서 내가 좋아하는 칼국수를 신나게 먹었습니다. 그런데 마침 거기를 지나가시던 아버지께서 식당의 열린 문을 통해 그 장면을 보시게 되었습니다. 하지만 나는 아버지께서 보고 계신 줄도 모르고 머리를 숙인 채 정신없이 칼국수를

먹었습니다.

나름대로 정성을 다해 차려준 밥상을 외면하고 식당에 가서 먹고 싶은 음식을 사먹고 있는 철없는 아들을 목격한 아버지의 마음은 참으로 섭섭하고 슬펐을 것입니다. 아들을 먹이기 위해 최선을 다한 아버지의 사랑을 외면한 아들을 향한 배신감으로 인해 심한 분노를 느꼈을 것입니다. 그러나 아버지께서는 아무런 내색도 하지 않으신 채 그 다음날에도 정성을 다해 밥상을 차려 주셨습니다. 하지만 나는 이런 상황을 전혀 눈치채지 못했습니다. 그래서 그 다음 날에도 아버지께서 차려주시는 밥을 먹고 싶지 않아서 다시 아버지에게 배가 불러서 먹기 싫다고 거짓말을 했습니다. 아들의 거짓말이 계속되자 그때서야 아버지는 분식점에서 칼국수를 먹고 있는 나를 봤다는 사실을 털어 놓으시면서 나에 대한 섭섭한 마음을 토로하셨습니다. 그래서 그 날 나는 아버지께 너무나도 미안하고 죄송한 마음이 들어 아무런 대꾸도 못한 채 아버지께서 차려주신 음식을 맛있게 먹었습니다. 좀더 솔직히 말하면, 맛있게 먹는 척 했습니다.

지금 돌이켜 생각해 보면, 아버지의 사랑과 정성을 배신하여 아버지를 섭섭하게 한 일이 한 두 가지가 아닌 것 같습니다. 아버지의 기대를 저버리고 실망시켜 드린 일, 다 알고 있으면서도 아들을 위해 속는 척 해 주시는데 그것도 모르고 속이 뻔히 내보이는 거짓말을 한 일, 나쁜 짓을 하여 아버지를 심하게 노엽게 한 일, 등등 헤아릴 수 없는 잘못을 아버지께 범했습니다. 그러나 그럼에도 불구하고 아버지는 아들을 한 결같이 사랑했습니다. 그리고 그 한결같은 아버지의 사랑은 언제나 아들의 죄와 잘못을 용서했습니다. 하지만 아들이었을 때는 이렇게 아들을 언제나 용서하시는 아버지의 사랑을 잘 알지 못했습니다. 그러나 매 순간마다 아들을 이해하고 포용하고 용서하며 살아야 하는 아버지가 된 지금은 그 때 아버지의 사랑이 가슴이 쓰리게 다가옵니다.

아이를 키우다 보면 하루에도 여러 번 아이를 이해해 주고 너그럽게 용서해야 하는 상황을 맞이하게 됩니다. 아들이 아주 어린 갓난 아기 때에는 그냥 품에 안고 잘 돌보기만 하면 되었지만 걸어 다니기 시작하면서는 이것 저것 만지면서 수없이 많은 문제들을 일으키곤 했습니다. 사다준 장난감이나 DVD를 망가뜨리는 것은 기본이고, 비싼DVD 플레이어나 캠코드를 망가뜨리기도 했습니다. 때로는 서재의 책들을 책장에서 꺼내어 낙서하거나 심지어 찢어 놓기까지 했습니다. 그럴 때는 정말 엄청나게 짜증이 나고 화가 났습니다. 게다가 철없는 아들이 재미 삼아 던진 토마스 기차 같은 나무로 만든 장난감에 얼굴을 맞았을 때에는 아파서 정말 화가 머리 끝까지 치밀어 올랐습니다. 하지만 이런 짜증과 분노로 화가 난 아빠를 보고 무서워서 울먹이거나 혹은 괴로워하는 아빠를 향해 천진난만한 웃음을 짓는 아들을 바라보고 있으면 어느새 눈 녹듯이 사라지곤 했습니다. 이렇게 아들을 향한 아버지의 사랑이 실수를 하고 잘못을 범하는 아들을 언제나 용서하고 껴안게 했

20

습니다. 그러다가 충격적인 한 사건을 통해 아버지의 사랑은 아들이 자신의 목숨을 앗아가는 죄악을 범할지라도 그 아들을 용서한다는 사실을 온 몸으로 느끼게 되었습니다.

지난 2007년에 발생한 아들이 부모를 살해한 사건은 너무나도 슬프고 분노가 치미는 범행이었습니다. 그러나 다른 한편으로는 참으로 마음이 찡한 감동을 주는 눈물겨운 사건입니다. 2007년 8월11일 새벽 2시 20분 쯤에 아들 이모씨는 경기도 수원시 자신의 집 거실 소파에서 잠이 든 아버지(당시 56세)를 흉기로 서너 차례 찔렀습니다. 그리고 아버지의 비명을 듣고 안방에서 뛰어 나온 어머니(당시 50세)마저 흉기로 마구 찔렀습니다. 이어 작은 방에서 잠을 자던 누나 2명이 거실로 나오려고 하자 방안으로 들어가 흉기로 누나들 마저 찔러 중상을 입혔습니다. 그러나 이 패륜아는 거기서 멈추지 않고 다시 거실로 나와 아버지의 온몸을 10여 차례 이상 더 찌르고 도주했습니다. 이 비극적인 사고로 이씨의 어머니는 현장에서 사망했고 아버지는 급히 병원 응급실로 옮겨져 치료를 받았으나 오전 6시 54분에 결국 숨졌습니다.

범행 후 집에서 도망나와 친구 집에 숨어 있던 이씨는 범행 2시간 30분만에 아버지가 입원해 있는 병실을 찾아와 사건 발생 당시 친구 집에 있었다고 거짓말을 하며 부모 살해 사건에 연루된 것을 부인했습니다. 하지만 사건현장 주변에서 발견된 흉기와 장갑 등을 들이대며 추궁한 경찰에게 결국 자신의 범행을 자백했습니다. 이씨는 어머니로부터 주식투자 명목으로 받은 3천700만원을 유흥비 등으로 날려 경제적으로 쪼들리게 되었습니다. 그리고 이 일로 인해 가족들의 질책을 받게 되자 어머니와 누나 2명을 생명보험에 가입시킨 뒤 보험금을 타려고 범행을 저지른 것으로 밝혀졌습니다.

이 아들은 절대로 용서받을 수 없는 천인공노할 만한 죄악을 가족들에게 저지른 것입니다. 나는 이 사건을 인터넷 뉴스를 통해 접하고는 참으로 슬펐습니다. 또한 치를 떨며 분노했습니다. 그럼에도 불구하고 다른 한편으로는 이 사건을 통해 가슴이 멍한 감동을 받았습니다. 그 이유는 자신을 죽인 아들을 끝까지 사랑하고 용서하려 했던 아버지의 사랑 때문이었습니다.

이씨의 아버지는 아들의 칼에 찔려 병원으로 실려가면서 자기 딸들에게 아들이 범인이라는 사실을 절대로 말하지 말라고 신신당부를 했습니다. 그리고 병원에서 죽어가면서도 범인이 누군지를 묻는 형사들에게 아무런 대답을 하지 않고 침묵으로 일관했습니다. 이렇게 아들의 칼에 10여 차례 이상 찔려 병원 응급실에서 죽어가면서도 아들의 범행을 덮어주려 했던 아버지의 사랑에 재판부가 감복하여 사형 대신 무기징역을 선고하여 아들에게 평생토록 참회할 수 있는 기회를 주었습니다.

재판부의 판결문은 이렇습니다. "범행동기가 단지 곤궁에서 벗어나기 위해 부모와 누나들을 무참히 살해하는 것으로서 지극히 반인륜적인 점, 범행을 만류하는 아버지와 어머니를 흉기로 살해하고 누나들에게도 흉기를 휘두르는 등, 비정함과 잔혹함의 극치를 보인 점, 범행 후 아버지가 있는 병원 응급실을 태연하게 찾아가고 재판 과정에서도 거짓말을 한 점 등을 종합하면 피고를 사회에서 영원히 격리시키는 극형의 선고가 불가피하다... [그러나] 피고에게 흉기에 찔려 죽어가면서도 피고의 범행을 덮어주려 했던 아버지의 사랑, 누나들 역시 피고의 선처를 바라는 탄원을 낸 점, 전과가 없고 뒤늦게나마 범행에 대해 참회한 점을 참작하면 피고를 사형에 처하는 것이 너무 가혹하다고 보이므로 무기징역으로 정한다." 결국 아들의 칼에 찔려 죽어가면서도 패륜한 아들을 용서하는 아버지의 사랑이 사형을 당할 수 밖에 없는 아들의 생명을 살렸던 것입니다. 이것이 바로 아버지의 사랑입니다.

성경에 나오는 돌아온 탕자를 맞이하는 아버지의 모습(눅15:20)을 통해 우리는 영원한 형벌에 처해질 수 밖에 없는 죄인을 용서하시는 하나님 아버지의 사랑을 보게 됩니다. 렘브란트의 〈탕자의 귀향〉이라는 그림은 샌들이 벗겨진 채 상처투성이인 왼발과

망가진 샌들로 겨우 부분적으로 감싸고 있는 오른발을 통해 돌아온 탕자가 얼마나 가난에 찌들고 지쳐 있었는 지를 잘 묘사해 주고 있습니다. 뿐만 아니라 죄수와 같이 삭발한 탕자의 머리를 통해 그가 죄인임을 드러내 주고 있습니다. 탕자 스스로도 "아버지 내가 하늘과 아버지께 죄를 지었사오니 지금부터는 아버지의 아들이라 일컬음을 감당하지 못하겠나이다"(눅15:21)고 말하며 스스로 용서받지 못할 죄인임을 고백하고 있습니다.

이렇게 용서받을 수 없는 큰 죄를 범한 아들을 껴안은 아버지는 한 번만이 아니라 여러번 아들의 입을 맞추었습니다. 아버지의 반복되는 입맞춤은 아들의 죄를 용서하는 아버지의 사랑이 얼마나 크고 깊고 넉넉한 지를 잘 보여 주고 있습니다. 아들이 아니라 "품군의 하나로 보소서"(눅15:19)라고 흐느끼며 돌아온 탕자를 아버지는 어떠한 조건도 달지 않고 환대하였습니다. 뿐만 아니라 그를 "이 내 아들"(눅15:24)이라고 부르며 그의 모든 죄와 잘못을 용서하며 감격의 포옹을 했습니다. 용서받을 수 없는 죄에도 불구하고 아버지는 아들을 외면하거나 버리지 않고 그를 아들로 받아 주었습니다.

렘브란트의 그림은 돌아온 탕자를 껴안은 아버지의 눈이 짓물려 있는 것으로 묘사하고 있습니다. 이것은 아버지가 이미 탕자를 용서한 채 아들이 돌아오기만을 오랫동안 기다리고 있었다는 것을 말해 주고 있습니다. 죄를 범하고 집을 나간 아들을 눈이 짓물려 시력을 잃을 때까지 기다리다가 마침내 돌아온 아들을 멀리서 먼저 발견하고 달려가 와락 껴안고 반복해서 용서의 입맞춤을 하는 아버지의 모습을 통해 하나님께 등돌린 죄인들인 우리를 용서하시는 하나님 아버지의 사랑을 발견하게 됩니다. 그래서 나는 계속 반복해서 실수를 범하고 사고를 쳐서 나를 힘들게 하고 때로는 화나게 하는 아들을 관용과 용서의 팔로 따뜻하게 껴안으면서 한없는 사랑으로 우리를 용서하시며 껴안아 주시는 하나님의 마음을 흐릿하게나마 느끼게 됩니다.

자신을 칼로 찌른 아들을 죽어가면서도 용서했던 아버지의 사랑은 하나님께 반역한 죄로 인해 영원히 죽을 수밖에 없는 죄인들인 우리를 용서하시는 하나님 아버지의 사랑의 그림자라고 할 수 있습니다. 그러므로 아들이 아버지를 통해 참 사랑을 느낄 때 그 사랑의 그림자를 통해 하나님 아버지의 사랑을 발견할 수 있을 것입니다.

02
구수한 된장처럼 오래토록 묵직한

"사랑은 여기 있으니 우리가 하나님을 사랑한 것이 아니요
하나님이 우리를 사랑하사 우리 죄를 속하기 위하여 화목 제물로
그 아들을 보내셨음이라" _ 요일4:10

언젠가 하루는 누군가를 만날 약속이 있어 15개월 정도 된 아들을 안고 소파에 앉아 젖을 먹이고 있는 아내를 뒤로 한 채 집을 나왔습니다. 약속된 만남을 끝내고 약 3시간 후에 다시 집에 돌아오니 아내는 외출할 때 보았던 것과 별 차이 없는 모습 그대로 소파에 앉아서 두 손으로 자고 있는 아들을 여전히 안고 있었습니다. 그래서 나는 설마 하는 표정으로 아내에게 내가 나간 후부터 지금까지 계속 그렇게 앉아 있었느냐고 물었습니다. 그런데 놀랍게도 아내는 자고 있는 아기가 깰까 봐 움직이지도 못하고 몇 시간 동안 그렇게 앉아 있었다고 대답했습니다. 순간 나는 그런 아내가 참 대단하다는 생각이 들었습니다. 적어도 10킬로그램 이상은 되는 아들을 두 팔에 안은 채 거의 3시간 동안 꼼

짝하지 않고 소파에 앉아 있는 아내가 참으로 놀랍고 존경스러웠습니다. 그러면서 나는 그것이 어머니이기 때문에 가능한 일이라고 생각했습니다. 어머니이기 때문에 극심한 고통을 참아 내고, 어머니이기 때문에 자식을 위해 모든 것을 견뎌내는 것입니다.

2010년 1월 중순 쯤에 토론토에서 80살이 넘은 할머니 운전자가 빨간불 신호를 제대로 보지 못하고 달리다가 태어난 지 한 달 반 정도 밖에 되지 않은 아기를 유모차에 태우고 건널목을 건너던 여자를 치었습니다. 그 사고로 인해 아기의 엄마는 그 자리에서 숨졌습니다. 그런데 아기는 기적적으로 살아 남았습니다. 자동차가 돌진해 오는 절대절명의 순간에 엄마가 본능적으로 아기를 살리기 위해 손으로 유모차를 밀어 내었기 때문입니다. 비록 자신은 죽을 지라도 아기는 살리려고 하는 이런 모습이 바로 자식을 향한 어머니의 사랑입니다.

어머니는 생명을 배 속에 품고 10개월 동안 씨름하다가 온 몸이 뒤틀리고 뼈가 상하는 고통을 겪은 후에 아기를 낳습니다. 그래서 나는 한 때 이 세상에서 아무런 대가를 바라지 않고 자신의 모든 것을 희생할 수 있는 사랑은 오직 자식을 향한 어머니의 사랑밖에 없을 것이라고 믿었습니다. 게다가 어머니는 몸소 잉태의 고통을 겪으며 아기를 낳기 때문에 옆에서 간접적으로 경험하는 아버지보다는 자식에 대한 사랑이 더 큰 것이라고 생각했습니다. 그리고 실제로 아버지보다는 어머니가 더 많은 시간 동안 자식을 돌보고 키우기 때문에 어머니의 사랑에 비하면 아버지의 사랑은 늘 작은 것처럼 보이기도 합니다. 우리 부부만 보더라도 외형적으로 보이는 모습은 아내가 나보다 훨씬 더 아들을 사랑하는 것처럼 보입니다.

그러나 나는 아들을 둔 아버지로서의 경험을 통해 아버지의 사랑도 어머니의 사랑과 본질적으로 다를 바가 없다는 것을 깨닫게 되었습니다. 자식을 향한 아버지의 사랑은 어머니의 사랑과는 단지 그 표현의 방법과 모습이 틀릴 뿐이지 그 본질과 성격상 사랑의 크기와 깊이는 동일한 것입니다. 어머니의 사랑처럼 아버지의 사랑도 아무런 대가를 바라지 않고 자식을 위해 자신의 모든 것을 희생합니다.

나는 성격이 급하고 또 체질적으로 육체적 고통을 참아 내는 인내력이 약한 편입니다. 그런데 하루는 잠자는 아들을 두 팔에 안고 소파에 앉아 있는데 아내가 잠시 시장에 다녀 올테니 아들이 깨지 않게 잘 데리고 있으라는 부탁을 하고는 집을 나갔습니다. 그렇게 외출하는 아내를 향해 나 혼자 오랫동안 아기를 보는 것은 힘드니까 빨리 돌아 오라는 당부를 했습니다. 하지만 장보러 나간 아내는 외출한 지 거의 3시간이 지난 후에야 집으로 돌아 왔습니다. 그런데 정말 놀라운 일은 내가 두 팔의 극심한 고통에도 불구하고 거의 3시간 동안 곤히 자고 있는 무거운 아들을 안고 소파에 꼼짝하지 않고 앉아 있었다는 사실입니다. 나는 3시간 동안 두 팔이 끊어지는 아픔을 견딜 수 있는 그런 인내의 남자가 절대로 아닙니다. 그러나 남자이기 이전에 아버지이기 때문에 그 일이 가능했던 것 같습니다. 곤히 자고 있는 아들을 깨우지 않으려는 아버지의 사랑이 거의 3시간 동안 무거운 아기를 두 팔에 안은 채 팔이 끊어지는 것 같은 고통을 참고 견디게 했던 것입니다. 이런 경험을 통해 나는 아버지의 사랑도 어머니의 사랑과 본질적으로 동일하다는 사실을 깨닫게 되었습니다.

〈버티컬 리미트〉(Vertical Limit)라는 영화를 본 적이 있습니다. 그 영화의 시작 부분에 이런 장면이 등장합니다. 높은 암벽을 등반하던 아버지와 두 자녀가 예기치 않은 사고를 당하여 암벽에 박혀 있는 단 하나의 로프에 의지하여 세 사람이 함께 매달리게 됩니다. 그런데 암벽에 박힌 쇠고리가 세 사람의 무게를 감당하지 못해 점점 빠져 나오기 시작합니다. 그대로 있다가는 세 사람 모두 절벽에서 떨어져 죽을 수 밖에 없는 절대절명의 위기 상황입니다. 이런 위기의 순간에 로프의 맨 밑에 매달려 있던 아버지는 두 자녀를 살리기 위해서 자신의 로프를 끊어버립니다. 로프 위쪽에 매달려 있던 아들과 딸은 절대로 줄을 끊으면 안된다고 울부짖지만 아버지는 "산을 타는 사람은 산에서 죽는 것이 기쁨이다"는 말을 남기고 자신의 줄을 끊어 생을 마감합니다. 결국 아버지는 자신의 생명을 희생하므로 두 자녀의 생명을 살린 것입니다.

그런데 자식을 살리기 위해 자신의 생명을 희생하는 아버지의 이야기는 영화 속에서만 등장하는 비현실적인 일이 결코 아닙니다. 2009년 9월 6일 새벽에 북한이 아무런 통보도 없이 황강댐 일부 수문을 열어

경기도 연천군 임진강변에서 야영과 낚시를 하던 민간인 6명이 죽는 사고가 발생했습니다. 그 때 12살 된 아들과 함께 야영을 하던 아버지 서모씨는 아들을 아이스박스에 태워 목숨을 살린 후 자신은 힘이 빠져 숨졌습니다. 그 당시 40살 밖에 되지 않았던 젊은 나이의 아버지는 어린 아들의 목숨을 구하는 대신 자신은 죽은 것입니다. 그래서 자신의 생명을 희생하고 아들을 구한 아버지의 가슴 아픈 사연이 알려진 후에 많은 사람들이 안타까움의 눈물을 흘렸습니다.

이처럼 아버지의 사랑도 어머니의 사랑처럼 자식을 위해 자신의 생명까지 희생할 수 있는 헌신적인 사랑인 것입니다. 표면적으로는 어머니의 사랑에 비해 아버지의 사랑이 늘 작은 것처럼 보이지만, 실제로 표현을 잘 하지 않아서 그렇지 본질적으로는 아버지의 사랑도 그 질과 양에 있어서 어머니의 사랑과 동일하다고 할 수 있습니다. 아버지의 사랑은 어머니의 사랑처럼 쉽게 눈에 보이지는 않지만 구수한 된장처럼 오래토록 묵직하게 남는 그런 사랑입니다.

어머니의 사랑 못지 않게 참으로 진하고 깊은 아버지의 사랑을 잘 보여 주고 있는 소설이 있습니다. 바로 김정현의 〈아버지〉 입니다. 이 소설은 1996년 8월 중순경에 발간되어 때마침 불어닥친 경제 불황에 따른 명예퇴직 바람으로 대중의 주목을 받게 되었습니다. 이 책은 고개 숙인 아버지의 상징으로 폭발적인 인기를 얻으며 출간된 지 1년 만에 160만부 이상이 팔리는 초대형 베스트셀러가 되었습니다. 이 소설에 보면 이런 에피소드가 나옵니다.

주인공인 아버지에게는 아주 공부를 잘하는 고3 수험생인 지원이라는 딸이 하나 있습니다. 이 딸이 희망하는 대학은 서울대 영문학과 입니다. 하지만 서울대 영문학과 정원이 35명입니다. 그런데 아버지는 딸이 서울대 영문학과에 가겠다고 결심한 그 순간부터 머리 속으로 오직 '35'라는 숫자만 생각했습니다. 전국의 수재들 중 딱 35명만이 서울대 영문학과에 들어갈 수가 있습니다. 그래서 아버지는 "딸이 서울대 영문학과에 들어갈 때까지 나도 35라는 숫자를 꼭 지켜야지"라고 다짐을 한 후 오직 35라는 숫자에만 집착을 합니다. 버스를 탈 때도 절대 아무 자리에 앉지 않고 앞에서부터 세어서 35번째 좌석에 앉습니다. 지하철을 타더라도 개찰구를 들어갈 때 반드시 35번째로 들어갑니다. 또한 나올 때에도 반드시 35번째에 빠져 나옵니다.

그리고 운전은 절대 하지 않습니다. 왜냐하면 신호등이 바뀔 때면 맨 앞에서 35번째 안에 서 있어야 하는데, 매 번 그럴 수가 없기 때문입니다. 그래서 아예 운전은 하지 않습니다. 출근할 때도 집에서 직장까지 35분 안에 도착합니다. 택시를 탈 때에도 택시 번호판의 맨 뒷자리가 35를 넘으면 빈 차가 와도 그냥 보내버리고 반드시 35이내의 숫자가 붙은 차만 탑니다. 그리고 매주 토요일마다 서울대 캠퍼스에 가서 땅을 밟으며 딸이 영문학과에 들어가기를 빕니다. 이런 아버지의 지극 정성과 사랑이 통했는지 결국 딸은 서울대 영문학과에 합격을 하게 됩니다.

이 이야기는 아버지의 사랑이 어머니의 사랑과 그 표현 방법이 다를 뿐이지 그 크기와 질은 다를 것이 없다는 것을 잘 보여 주고 있습니다. 어머니 못지 않게 아버지의 사랑도 자식을 위해 자신의 모든 것을 희생하는 절대적인 사랑입니다. 그래서 렘브란트가 그린 <탕자의 귀향>에는 돌아온 작은 아들을 감싸고 있는 아버지의 두 손이 서로 다르게 표현되어 있습니다. 왼쪽 손은 힘줄이 두드러진 강한 남자의 손이고 오른쪽 손은 부드럽고 매끈한 여자의 손입니다. 두 손이 서로 다른 이 그림을 통해 렘브란트는 아버지의 강인한 사랑과 어머니의 부드러운 사랑을 동시에 표현하고 있는 것입니다. 그리고 이것이 바로 우리를 향한 하나님 아버지의 사랑이라는 것을 보여 주고 있습니다. 하나님 아버지의 사랑은 자식을 위해 모든 것을 아낌없이 희생하는 어머니와 아버지의 사랑처럼 그 분의 자녀들인 우리를 위해 자신의 모든 것을 희생하는 사랑입니다.

요한복음 3장 16절은 우리를 향한 하나님의 사랑을 이렇게 표현하고 있습니다. "하나님이 세상을 이처럼 사랑하사 독생자를 주셨으니 이는 그를 믿는 자마다 멸망치 않고 영생을 얻게 하려 하심이라." 하나님께서 우리를 사랑하시되 "이처럼" 사랑하신다고 말씀합니다. 여기서 "이처럼"은 독생자 예수 그리스도를 우리의 죄를 위한 대속물로 내어 주셨다는 것을 의미합니다. 요한복음 1장 18절은 독생자가 아버지의 품속에 계셨다고 말씀합니다. 그러므로 하나님께서는 자신의 품 속에 있던 독생자를 우리의 죄를 위한 대속물로 내어 주시기까지 우리를 사랑하셨던 것입니다. 다시 말해, 하나님 아버지는 우리를 살리기 위해 품 속의 외아들을 희생하셨습니다.

아들을 키워 보니까 이 세상의 그 어떤 희생도 아들을 바치는 희생보다 더 큰 것은 없다는 사실을 너무나도 잘 알게 되었습니다. 왜냐하면 아들은 아버지의 모든 것이기 때문입니다. 아들은 아버지의 생명 그 자체입니다. 그러나 하나님께서는 자신의 모든 것인 외아들을 희생하면서까지 우리를 사랑하셨습니다. 독생자 예수 그리스도를 십자가의 죽음에 내어주기까지 우리를 사랑하셨습니다. 결국 예수님의 죽음은 우리를 향한 하나님의 사랑입니다. "사랑은 여기 있으니 우리가 하나님을 사랑한 것이 아니요 하나님이 우리를 사랑하사 우리 죄를 속하기 위하여 화목 제물로 그 아들을 보내셨음이라"(요일4:10).

하나님께서는 집나간 탕자 같은 죄악된 우리를 살리기 위해서 독생자 예수 그리스도를 희생하셨습니다. 이것이 우리를 향한 하나님 아버지의 사랑입니다. 아버지인 나에게 나의 아들이 전부이듯이 독생자 예수님은 하나님의 모든 것이었습니다. 그러나 하나님께서는 죄인인 우리들을 살리기 위해 외아들을 십자가의 죽음에 던져 넣으셨습니다. 이것이 우리를 "이처럼" 사랑하신 하나님의 사랑입니다. 그러므로 독생자를 십자가의 대속물로 희생하기까지 우리를 사랑하신 하나님 아버지의 사랑은 피빛 사랑입니다.

03
아들을 안고 가듯이

"광야에서도 너희가 당하였거니와 사람이 자기의 아들을 안는 것 같이
너희의 하나님 여호와께서 너희가 걸어온 길에서 너희를 안으사
이 곳까지 이르게 하셨느니라" _ 신1:31

양은 그리 똑똑하지 못한 동물입니다. 그래서 물을 마시러 시냇물에 텀벙 들어갔다가 물에 젖은 털이 무거워 물에서 빠져 나오지 못하고 익사하는 경우도 있다고 합니다. 그래서 양에게는 물을 마실 물가로 안전하게 안내해 줄 목자가 필요합니다. 또한 양은 다른 동물을 공격할 수 있는 날카로운 발톱이나 이빨이 없습니다. 뿐만 아니라 맹수들의 공격으로부터 자기를 방어할 수 있는 아무런 힘도 없는 그런 연약한 동물입니다. 그래서 양에게는 맹수들의 공격으로부터 생명을 지켜줄 목자가 필요합니다. 게다가 양은 1미터나 2미터 앞에 있는 사물도제대로 구분할 수 없을 정도로 시력이 나쁘다고 합니다. 우리 인간의시력을 기준으로 말하면, 양의 시력은 마이너스 10 정도가 됩니다. 이

렇게 시력이 나쁘기 때문에 양은 방향 감각이 별로 없습니다. 그래서 양에게는 바른 방향으로 길을 안내해 줄 목자가 필요합니다. 그러므로 양은 목자가 없이는 도저히 살아갈 수 없는 그런 존재입니다. 목자가 먹여주고 안내해주고 지켜주어야만 살아갈 수 있는 존재가 바로 양입니다. 그런데 나는 아들을 키우면서 우리 인간이 바로 양과 같이 지극히 연약한 존재라는 것을 더욱 절실히 깨닫게 되었습니다.

인간을 일반적인 동물의 범주에 넣어 이야기하면, 수많은 동물들이 존재하지만 인간이 낳은 아기만큼 부모의 땀과 헌신을 많이 필요로 하는 동물은 없는 것 같습니다. 말이나 사슴의 새끼들은 태어나자마자 일어나 걷습니다. 새들도 태어난 지 얼마되지 않아 제 힘으로 날아 다닙니다. 거북이 새끼들도 알을 깨고 나오자마자 제 힘으로 기어서 바다를 향해 달려 갑니다. 그리고 바다에 무사히 도착한 거북이 새끼들은 그 때부터 혼자의 힘으로 살아갑니다. 이처럼 이 세상에 존재하는 동물들의 새끼들이 자신을 낳아준 부모에게 의존하는 의존도는 인간에 비하면 그리 높지가 않습니다. 동물의 새끼들은 낳아준 부모가 조금만 돌봐주면 금방 자립해서 혼자의 힘으로 살아갑니다. 그러나 인간이 낳은 아기는 오랜 세월 동안 부모가 희생적으로 돌보고 헌신적으로 보살피지 않으면 살아갈 수가 없습니다. 마치 목자없는 양이 살아갈 수 없듯이 부모의 보살핌이 없는 아기는 살아갈 수가 없습니다.

모든 부모들이 그렇듯이 우리 부부도 아들을 낳은 후 한 동안은 하루 24시간 온 종일 아들을 지키고 돌보는 일에 몰두해야만 했습니다. 부모는 때마다 시간마다 아기를 먹이고 씻기고 입혀야 합니다. 그리고 손에 닿는 것은 무엇이든 입으로 가져가는 아기가 혹시라도 유해 물질을 삼키지는 않는지 항상 지켜 보아야만 합니다. 아기가 기어다니기 시작하면서부터는 계단에서 굴러 떨어지지는 않을까 혹은 뜨거운 물이 있는 곳으로 가지는 않을까 염려하면서 항상 주의깊게 살펴야 합니다. 그러다가 아기가 걷기 시작하면 부모는 정말 엄청 바빠집니다. 아기에게서 잠시라도 눈을 떼면 금방 사고가 납니다. 우리 부부가 천방지축으로 걸어 다니는 아들을 그렇게 주의깊게 살피고 지켰는데도 큰 사고를 당할 뻔 한 일이 한 두번이 아니었습니다. 하지만 감사하게도 그 동안 그리 큰 사고는 없었지만 그래도 오른 팔이 세 번이나 빠지고 텔레비전 받침대 유리 문 모서리에 부딪혀 왼쪽 눈가가 조금 찢어지는 등의 작은 사고들은 여러 번 있었습니다. 게다가 머리와 이마는 잠시도 성할 날이 없을 정도로 자주 다치곤 했습니다. 이렇게 인간의 아기들은 부모가 옆에서 계속 돌보아 주지 않으면 혼자서는 잠시라도 안전하게 살아갈 수 없는 그런 연약한 존재입니다. 그래서 아버지는 아들이 장성하게 자라서 혼자 살아 갈 수 있을 때까지 마치 목자가 양을 돌보듯이 돌봐주고 보살펴 줘야만 합니다.

하나님께서는 아버지가 아들을 돌보듯이 목자가 양을 돌보듯이 우리를 돌보아 주시고 보살펴 주십니다. 다윗은 "여호와는 나의 목자시니 내게 부족함이 없으리로다 그가 나를 푸른 풀밭에 누이시며 쉴만한 물가로 인도하시는도다"(시23:1-2)고 노래했습니다. 맥스 루케이도가 〈마음 한번 쉬어 가거나〉라는 책에서 설명한 것처럼, 다윗이 살던 시대의 유대 땅은 푸른 초장으로 덮힌 그런 땅이 아니었습니다. 그리고 다윗이 양을 치던 베들레헴 근교의 산자락은 푸른 초원으로 덮힌 땅이 아니라 메마른 사막 같은 곳이었습니다. 그런 사막 같은 곳에 푸른 초장을 만들기 위해서는 목자가 온갖 수고와 헌신의 땀을 흘려야만 했습니다. 목자는 험한 자갈 땅을 개간하고 그루터기를 뽑아 내고 덤불을 불살라야만 했습니다. 그런 후에 메마른 땅에 끊임없이 물을 대면서 땅을 계속해서 갈아 엎어 푸른 초장으로 만들어야만 했습니다. 이렇게 목자는 양들이 마음껏 뛰어놀 수 있는 푸른 초장을 만들기 위해 땀흘리고 애썼습니다. 이것이 양떼를 향한 목자의 모습이고 또한 우리의 목자되신 예수님의 모습입니다.

예수님은 "나는 선한 목자라 선한 목자는 양들을 위하여 목숨을 버리거니와"(요10:11)라고 말씀하셨습니다. 목자가 목숨을 걸고 양들을 지키듯이 아버지가 자식을 위해 모든 것을 희생하듯이 우리의 선한 목자이신 예수님께서는 우리를 위해 목숨을 버린다고 말씀하셨습니다. 그리고 실제로 예수님께서는 자신의 양떼들이 영원히 거할 수 있는 거처를 마련하기 위해 십자가 위에서 자기 목숨을 버리셨습니다. 이렇게 양들을 위해 목숨까지 버리시는 선한 목자의 모습이 바로 우리를 향한 예수님의 모습이며 동시에 자녀들인 우리를 향한 하나님 아버지의 모습입니다.

아들이 두 살 반 정도 되었을 때 단풍놀이를 간적이 있습니다. 아름답게 물든 단풍과 어우러진 계곡 속의 폭포를 구경하기 위해 높은 산골짜기로 올라갔습니다. 그런데 몇 십 분 정도 혼자서 걸어가던 아들은 금방 지쳐버렸습니다. 그리고는 나에게 목마를 태워달라고 졸라대었습니다. 그래서 나는 그 당시 거의 12킬로그램이 넘었던 아들을 목에 태우고는 3시간 이상을 걸었습니다. 평소의 나답지 않은 초인적인 힘을 발휘하여 아들을 목에 태우거나 가슴에 안고 3시간 동안이나 산골짜기를 걸어 다녔습니다. 그 일은 무거운 것을 잘 못드는 약골인 나에게는 거의 불가능해 보이는 것이었지만 아버지이기 때문에 가능했습니다. 약한 남자이기 이전에 아버지이기 때문에 무거운 아들을 목에 태우고 가슴에 안고 장시간 험한 산길을 걸을 수가 있었던 것입니다. 이렇게 아버지가 아들을 안고 산골짜기를 걸어가듯이 우리 하나님 아버지도 자녀들인 우리를 안고 광야의 길을 걸어 가십니다.

신명기 1장 31절은 하나님께서 마치 아버지가 아들을 안는 것같이 이스라엘 백성들을 안고 그들을 약속의 땅으로 인도하셨다고 말씀합니다. 이스라엘 백성들이 애굽의 노예 생활에서 해방되어 광야 생활을 하는 동안 하나님께서는 이스라엘 백성들을 아버지가 아들을 안는 것같이 안아서 인도하셨습니다. 하나님은 수많은 위험과 엄청난 공포가 도사리고 있는 광야의 길을 걸어가는 이스라엘 백성들을 아버지가 아들을 안듯이 안아 주셨습니다. 이스라엘 백성들이 광야 길을 가면서 배가 고프고 목이 말라 눈물 흘릴 때 하나님은 아들을 안는 아버지처럼 그들을 두 손으로 안아 주시고 위로해 주셨습니다. 목자가 양을 안고 가듯이 아버지가 아들을 안고 가듯이 그렇게 하나님은 이스라엘 백성들을 안아서 인도해 주셨습니다.

시편 78편 52절은 "그가 자기 백성은 양 같이 인도하여 내시고 광야에서 양 떼같이 지도하셨도다"라고 말씀합니다. 하나님께서는 자기 백성들을 목자가 양들을 이끌듯이 인도하고 지도하십니다. 하나님은 그의 자녀들을 아버지가 아들을 안고 가듯이 안고 가십니다. 우리가 힘들고 어렵고 고통스럽고 고독한 광야의 길을 걸어 갈 때 하나님께서는 우리를 고아처럼 홀로 내 버려 두지 않으시고 우리를 안고 가십니다. 이렇게 아버지가 아들을 안듯이 광야의 길을 걸어가는 우리를 안고 걸어가시는 분이 바로 하나님 아버지이십니다. 그러므로 목자가 양들을 돌보듯이 아버지가 아들을 돌보듯이 우리를 돌보시고 인도하시는 하나님께서 우리 곁에 있음을 믿으며 감사하며 담대하게 우리 인생의 광야 길을 걸어 가야 합니다.

04
가치를 부여하는 사랑

"죄의 삯은 사망이요 하나님의 은사는
그리스도 예수 우리 주 안에 있는 영생이니라" _ 롬6:23

아버지가 아들을 바라보는 눈과 다른 사람들이 그 아들을 바라보는 눈은 참으로 다른 것 같습니다. 사람들 앞에서 어린 아들이 간혹 소리를 질러서 당황스러울 때가 있었습니다. 그래도 나는 그런 아들을 바라보면서 아들이 앞으로 노래를 참 잘하겠다고 생각을 하는데 다른 사람들은 아들이 버릇이 없다고 말합니다. 형제없이 자라서 그런지 아들은 놀이터나 학교에서 다른 아이들에게 너무나도 적극적으로 다가갑니다. 그런 아들을 바라보면서 아버지인 나는 아들이 사회성이 참 좋다고 생각을 하는데 다른 사람들은 아들이 다른 아이들을 너무 귀찮게 한다고 말합니다. 어른들에게 꼬치꼬치 캐묻기 잘하고 말대꾸도 잘하는 아들을 바라보면서 아버지인 나는 아들이 참 똑똑하고 총명하다고 생각을 하는데 다른 사람들은 피곤하게 한다고 말합니다. 이렇게 아버지의 생각과는 너무나도 다른, 나의 아들을 바라보는 다른 사람들의 평가를 들으면서 아버지인 내가 아들에게 부여하는 가치와 다른 사람들이 나의 아들에게 부여하는 가치가 너무나도 다르다는 것을 알게 되었습니다.

아들을 향한 아버지의 평가와 다른 사람들의 평가가 이렇게 차이가 나는 이유는 과연 무엇일까요? 그것은 사랑의 차이라고 말할 수 있을 것입니다. 아들을 바라보는 아버지의 사랑과 옆집 아이를 바라보는 아저씨의 사랑의 차이 때문입니다.

마약 중독에 걸린 아들을 데리고 상담하러 온 아버지가 자기 아들은 그렇게 나쁜 아이가 아닌데 친구를 잘못 만나서 그렇게 되었다고 상담원에게 변명했다는 이야기를 들은 적이 있습니다. 이렇게 아버지의 눈에는 마약 중독에 빠진 아들조차도 구제 불능의 폐인이 아니라 얼마든지 구제 가능한 착한 아이인 것입니다. 설령 아들이 살인을 저질렀을 지라도 아버지는 아들을 잔혹한 악인으로 바라보는 것이 아니라 잠깐의 실수로 죄악의 늪에 빠진 불쌍하고 착한 아이로 바라봅니다. 그이유는 아들을 향한 아버지의 사랑 때문입니다. 아버지의 사랑이 아들에게 가치를 부여하기 때문입니다. 아버지의 사랑이 마약에 중독된 아들에게 회복 가능성의 가치를 부여합니다. 아버지의 사랑이 살인을 저지른 아들에게 용서 가능성의 가치를 부여합니다. 아들을 향한 아버지의 사랑은 아들에게 무한한 가치를 부여합니다. 이처럼 우리를 향한 하나님 아버지의 사랑도 우리에게 영원한 생명의 가치를 부여합니다.

　교회 청년들과 함께 〈김씨 표류기〉라는 한국 영화를 본 적이 있습니다. 2009년도 토론토 국제 영화제에 초청되기도 했던 이 영화는 상업적으로는 큰 흥행을 하지는 못했지만 잔잔한 감동과 긴 여운을 주는 훌륭한 작품 입니다. 지극히 개인적인 이해를 바탕으로 해서 이 영화의 주제를 말하자면, 세상으로부터 버림받고 외면당한 후 세상과의 철저한 단절 속에 살아가는 한 남자와 한 여자의 소통 이야기라고 할 수 있습니다. 이 영화의 줄거리를 간단하게 소개하면 이렇습니다.

　카드 돌려 막기로 부채를 갚다가 도저히 갚을 수 없는 큰 액수의 부채를 떠안은 남자는 결국 그 중압감을 이기지 못하고 한강 다리 위에서 뛰어 내려 자살을 감행합니다. 그러나 물 속에서 정신을 잃은 그가 물결에 떠밀려 도착한 곳은 서울시 당국의 특별한 허락이 없이는 들어갈 수 없는 도심속 무인도인 밤섬입니다. 그 곳에서 그는 세상의 정글에서 벗어나 혼자만의 자유로운 삶을 즐기며 행복하게 살아 갑니다. 그런데 이마에 있는 화상 흉터 때문에 친구들로부터 왕따를 당한 후 마음의 상처로 인해 한강변 아파트 자신의 방에만 처박혀 사는 히키코모리(은둔형 외톨이) 여자가 망원경으로 우연히 그를 발견한 후 그와의 아름다운 소통이 시작됩니다. 남자와 여자는 그들만의 독특한 방법으로 서로에게 서로의 마음을 전달합니다. 그러나 세상은 무인도에서 홀로 자유롭게 살아가는 이 남자의 행복을 그냥 내버려 두지 않습니다. 결국 남자는 시청 공무원들에 의해 밤섬에서 쫓겨나고, 세상과 높은 장벽을 쌓고 살아가던 여자는 유일한 안식처에서 쫓겨난 이 남자를 만나기 위해 자신의 유일한 안식처인 어두운 아파트 방에서 뛰쳐 나와 그 남자를 만나게 됩니다. 그리하여 이 세상과의 소통에 실패했던 두 사람은 마침내 세상과 벽을 쌓은 고립에서 벗어나 서로와의 소통에 성공하게 됩니다.

나는 이 영화를 보면서 세상과 단절된 채 외톨이로 살아가던 이 두 남녀가 고립의 장벽을 허물고 다시 소통할 수 있도록 한 것은 "가치를 부여하는 사랑"이라는 생각을 했습니다. 세상의 사랑은 "가치를 추구하는 사랑"입니다. 그래서 세상은 가치가 있는 사람들만 사랑합니다. 이런 세상 속에서 재정적 가치가 없는 이 남자와 외모적 가치가 없는 이 여자는 사랑을 받을 수가 없었습니다. 도리어 그들은 세상으로부터 격리되었습니다. 그러나 서로에게 가치를 부여하는 그들의 사랑이 고립에서 벗어나 서로를 향해 다시 소통하게 했습니다. 서로를 향한 그들의 사랑은 가치를 추구하는 사랑이 아니라 가치를 부여하는 사랑이었습니다. 이처럼 예수님의 사랑도 우리에게 하나님과의 막힌 벽을 허물고 영원한 생명으로 나아갈 수 있는 가치를 부여합니다.

토론토 근교에 있는 지금은 사라지고 없는 어느 기도원에 십자가 위의 예수님 그림이 들어 있는 낡은 액자 하나가 벽에 걸려 있었습니다.

이 액자의 그림에는 영어로 이런 이야기가 쓰여져 있었습니다.

한 청년이 예수님께 와서 "예수님, 나를 사랑하십니까?"라고 물었습니다. 그러자 예수님께서 "사랑한다"고 대답하셨습니다. 청년이 다시 예수님께 "정말로 나를 사랑하십니까?"라고 물었습니다. 예수님께서 다시 "정말로 사랑한다"고 대답하셨습니다. 예수님의 대답을 들은 청년이 이번에는 "얼마만큼 나를 사랑하십니까?"(How much?)라고 물었습니다. 이 청년이 이렇게 묻자 예수님은 양손을 들고 양쪽으로 펴시면서 이렇게 말씀하셨습니다. "이만큼 너를 사랑한다"(This much). 그리고 예수님은 십자가에 달려 돌아가셨습니다.

우리는 하나님의 사랑을 받을 만한 그 어떤 자격이나 업적도 없는 사람들 입니다. 아니 도리어 우리는 하나님 앞에서 죽을 수 밖에 없는 죄를 범한 사람들 입니다. "죄의 삯은 사망"이라고 했습니다(롬6:23 상반절). 그러므로 우리는 영원한 죽음의 형벌을 받아 마땅한 자들 입니다. 그러나 하나님 아버지께서는 아무런 가치가 없는 우리를 위해 이 땅에 예수님을 보내 주셨습니다. 그리고 예수님은 아무런 가치가 없는 우리를 사랑하셔서 우리의 죄를 대신 지시고 십자가 위에 달려 돌아가셨습니다. 그 예수님의 십자가의 사랑이 우리를 살렸습니다. 그리스도 예수 안에서 우리는 영원한 생명을 얻게 되었습니다(롬6:23 하반절). 예수님의 사랑으로 말미암아 영원한 죽음의 형벌을 받을 수 밖에 없는 죄인이었던 우리가 영원한 생명의 축복을 누릴 수 있는 의인이 되었습니

44

다. 예수님의 사랑으로 말미암아 사탄의 노예였던 우리가 하나님의 자녀가 되었습니다. 예수님의 사랑이 저주 받은 우리의 운명을 축복받은 운명으로 바꾸었습니다. 예수님의 사랑이 어둠의 자식이었던 우리의 신분을 빛의 자녀로 바꾸었습니다. 예수님의 사랑이 아무런 가치가 없는 우리의 존재를 천하보다 귀한 가치를 가진 존재, 즉 영원한 생명의 가치를 가진 존재로 바꾸었습니다.

그러므로 예수님의 사랑은 "가치를 부여하는 사랑"입니다. 세상의 사랑은 "가치를 추구하는 사랑"입니다. 그래서 세상은 가치가 있는 사람들만 사랑합니다. 그러나 예수님은 비록 가치가 없는 사람들일지라도 따뜻한 사랑으로 가치 없는 존재를 가치있는 존재로 바꾸십니다. 이렇게 가치없는 존재들에게 영원한 가치를 부여하는 사랑이 바로 예수님의 사랑입니다.

05
접촉의 기쁨

"배에서 남으로부터 내게 안겼고 태에서 남으로부터 내게 품기운 너희여
너희가 노년에 이르기까지 내가 그리하겠고 백발이 되기까지
내가 너희를 품을 것이라 내가 지었은즉 안을 것이요 품을 것이요
구하여 내리라" _ 사46:3-4, 개역한글

흔히들 말하기를 아기가 엄마의 뱃속을 떠날 때 받는 공포의 충격으로 태어날 때 소리쳐 운다고 합니다. 그리고 이것을 '출생 충격'이라고 부릅니다. 그래서 아내의 출산을 곁에서 지켜보면서 영화나 드라마에 나오는 장면처럼 아기가 엄마 배속에서 나오자마자 큰 소리로 울 것이라고 생각을 했습니다. 그런데 실제로 아기가 태어나는 것을 바로 옆에서 지켜 보니까 아기가 엄마 뱃속에서 나오자 마자 큰 소리를 내며 우는 것은 아니었습니다. 의사가 엄마의 자궁에서 아기를 꺼낸 후에 탯줄을 자르고 입안과 식도에 가득 고여 있는 이물질들을 기계로 빨아내고 나니까 그제서야 아기가 '응앵'하고 큰 소리를 내며 울었습니다.

아기는 이 세상에 태어나서 어머니와 연결된 탯줄이 끊어진 후 자신의 허파로 처음으로 스스로 숨을 내쉬는 순간에 비로소 소리내어 웁니다. 하지만 그 울음 속에는 어머니의 뱃속을 떠나, 전에는 경험하지 못했던 알 수 없는 새로운 공간에 거하게 된 공포감과 고립감도 포함되어 있을 것입니다. 그러므로 엄마의 태에서 나온 아기를 빨리 엄마의 품속에 안겨 주어야 갑작스러운 변화로 인해 소리 지르며 울고 있는 아기가 공포감과 고립감에서 벗어나 심리적 안정을 되찾을 수 있습니다. 그래서 아기가 정서적으로 육체적으로 건강하고 행복하게 자라게 하기 위해서는 엄마가 아기를 자주 안아주고 품어주고 어루만져 주어야 합니다.

헨리 클라우드는 〈변화와 치유〉라는 책에서 과학자들의 흥미로운 연구 결과 한 가지를 소개해 주고 있습니다. 한 연구기관에서 일정 기간 동안 갓난 아기들을 연구했습니다. 이 기간 동안 연구소에 소속되어 있는 모든 아기들의 신체적인 필요들은 충분하게 다 채워졌습니다. 아기들이 배고플 때 먹였고 기저귀도 제때에 갈아주었습니다. 그러나 아기들을 돌보는 사람들이 부족했기 때문에 몇몇 아기들만 안아주고 얼러줄 수 있었습니다. 그런데 조사 결과, 품에 안아준 아기들보다 안아주지 못한 아기들이 병이 드는 확률이 훨씬 높았습니다. 심지어 사망하는 경우도 더 많았습니다. 더구나 안아주지 못한 아기들의 심리적 발달은 더디거나 정지되었습니다. 결국 이 연구의 결과는 엄마의 품을 경험하지 못한 아기는 정서적으로 불안하고 감정적인 발달이 느리거나 정지되고 육체적으로 병들거나 죽거나 성장이 저해될 수 있다는 사실을 보여 줍니다. 그러므로 우리는 이 연구 결과를 통해 아기가 정서적으로 육체적으로 건강하게 성장하기 위해서는 엄마의 품이 절대적으로 필요하다는 사실을 다시 한번 확인할 수가 있습니다.

엄마의 뱃속에서 탯줄을 통해 호흡하며 양수를 마시다가 이 세상으로 나와서 자신의 허파를 통해 처음으로 스스로 호흡을 하면서 큰소리로 우는 갓 태어난 아들의 모습을 옆에서 지켜보면서 마음 속에 만감이 교차했습니다. 그리고 피부에 와 닿는 낯설고 차가운 온도로 인해 부르르 떨면서 의사의 손 안에서 바둥거리는 아기의 모습이 참으로 안쓰러웠습니다. 하지만 출생 후 필요한 기본 검사를 마친 후 엄마의 품 속에 안긴 아기의 평화롭고 안락한 모습을 보면서 안쓰러운 마음은 금방 행복감으로 바뀌었습니다. 의사의 냉정하고 차가운 손을 떠나 엄마의 품에 안긴 아기는 언제 바둥거리고 울었냐는 듯이 너무나도 평화롭고 행복한 모습으로 엄마의 젖을 먹었습니다. 엄마의 품 속에 안겨 엄마의 젖을 먹고 있는 아기의 모습은 이 세상에서 가장 행복하고 평안해 보였습니다.

제임스 하디슨(James Hardison)이라는 사람은 "인간은 근원적으로 접촉의 존재이다"는 말을 했습니다. 또한 미국 FBI의 보고서에는 다음과 같은 기록이 있다고 합니다. "인간 폭력 행위의 근본적 원인은 생의 초창기에 당연히 있어야 하는 피부 접촉의 기쁨을 가지지 못한데 있다." 참으로 지당한 말인 것 같습니다. 갓난 아기들은 엄마와의 피부 접촉이 없으면 울어댑니다. 그리고 아기가 엄마의 품을 찾으며 울고 있는데도 불구하고 그냥 내버려 두면 아기의 마음속에 분노가 형성됩니다. 그리고 그 분노가 결국은 아기를 공격적이고 난폭한 성향의 사람으로 만들게 됩니다. 결국 아기 때의 피부 접촉의 결핍은 공격적이고 포악한 성향의 사람으로 자라게 합니다.

최근에 발생하고 있는 "히키코모리"(은둔형 외톨이)형 범죄는 결국 이런 접촉의 결핍에서 연유한다고 할 수 있을 것입니다. 몇 년 전 일본 도쿄에서 한 히키코모리가 길가는 행인들을 아무런 이유없이 무차별 살해한 사건이 발생했습니다. 그리고 한국에서도 이와 비슷한 히키코모리형 범죄가 발생했습니다. 이런 히키코모리형 범죄는 사람과 사람 사이에 반드시 있어야 하는 접촉을 차단한 채 혼자 골방에 처박혀 인터넷의 세계 속에서만 살아가는 사람들이 저지르는 범죄 입니다. 결국 이것은 사람의 온기가 담긴 따뜻한 사랑과 위로가 부족한 사람들의 분노가 낳은 비극이라고 할 수 있습니다.

몇 해 전에 한국에서 누군가의 따뜻한 위로의 손길이 필요한 사람들을 대상으로 하는 '위로 산업'이 번창하고 있다는 뉴스를 본 적이 있습니다. 힘들고 어렵고 고통스러워서 누군가가 따뜻한 손길로 어깨를 한

번 두드려 주거나 머리를 한 번 쓰다듬어 주면 좋겠는데, 아무리 돌아봐도 그런 위로의 손길을 줄만한 사람이 없습니다. 가슴에 구멍이 뻥 뚫린 것같이 공허하고 외로워서 누군가의 팔과 가슴에 안겨 위로를 받고 싶은데 아무리 돌아봐도 그럴만한 사람이 없습니다. 그래서 더 힘들고 쓸쓸하고 외롭습니다. 이런 사람들을 위해 개발된 '위로 상품들'이 굉장히 잘 팔리고 있다고 합니다.

혼자 살고 있는 어떤 젊은 여성은 '남자 친구 팔베개 쿠션'을 사용합니다. 또 혼자 사는 어떤 젊은 남성은 '여자 친구 무릎 쿠션'을 사용합니다. 그리고 '왕 호랑이 새싹노호혼'이라는 인테리어 제품도 잘 팔리고 있다고 합니다. 이것은 우울증 치료제로 개발된 것인데, 태양열을 받으면 풀잎이 살랑거리면서 바람에 날리는 것처럼 보이는 제품이라고 합니다. 한국에서 이런 '위로 상품들'의 매출이 계속해서 늘어난다고 합니다. 그리고 위로 산업이 발전하는 이런 현실은 어머니의 품속에서 자란 우리 인간들이 어머니의 품속 같은 따뜻한 위로를 근원적으로 갈망하고 있다는 것을 말해 주고 있습니다.

사실 우리 인간은 근본적으로 접촉이 필요한 존재들입니다. 어머니의 품 속에 안겨 어머니의 젖을 먹고 만지면서 자란 우리는 인간과 인간 사이의 접촉이 절대적으로 필요한 존재입니다. 그러나 우리 인간이 더욱 절대적으로 필요한 가장 근본적인 접촉은 하나님과의 접촉입니다. 하나님께서는 진흙을 빚어 인간을 창조하셨습니다. 다시 말해, 하나님의 손이 진흙을 어루만지실 때 우리 인간이 탄생되었다는 것입니다. 그러므로 아기가 어머니의 품 속을 그리워하고 어머니의 손길을 갈망하듯이 우리 인간은 본질적으로 하나님의 품을 그리워하고 하나님의 손길을 갈망합니다. 그리고 아기가 엄마의 품 속에 안길 때 평안과 행복을 누리듯이 우리 인간들은 하나님의 품에 안길 때 비로소 참된 평안과 행복을 누릴 수가 있습니다.

렘브란트가 그린 〈탕자의 귀환〉이라는 그림에는 돌아온 탕자의 모습이 마치 어머니의 뱃속에 머물고 있는 태아처럼 묘사되어 있습니다. 헨리 나우웬은 이 그림을 해설하면서 이것은 우리가 돌아가야 할 고향이 하나님의 품임을 말해 주고 있다고 말했습니다. 이렇게 우리가 돌아가야할 하나님의 품을 그리워하며 살아가는 우리들의 가슴속에는 하나님만이 채워주실 수 있는 '텅 빈 공허'가 존재합니다. 그리고 이런 텅 빈 공허를 기쁨과 행복으로 가득 채워주실 수 있는 분은 하나님 한 분밖에 없습니다. 우리의 외로움을 근본적으로 치료해 주실 수 있는 분도 하나님 한 분밖에 없습니다. 또한 우리의 공허한 마음을 근원적으로 위로해 주실 수 있는 분도 하나님 한 분밖에 없습니다. 로뎀 나무 밑에서 육체적 탈진과 정신적 외로움 속에서 죽기를 갈망했던 엘리야를 어루만져 주신 하나님의 사랑과 위로의 손길(왕상19:4-7)이 우리를 어루만져 주셔야만 우리의 텅 빈 공허는 치료될 수가 있습니다.

하나님의 손은 우리를 안아주시고 품어주시고 어루만져 주시는 사랑의 손이요, 치료의 손이요, 위로의 손입니다. 그래서 이사야 46장 3-4절은 하나님의 손이 태어날 때부터 노년에 이르기까지 우리를 안아주시고 품어주시는 위로와 사랑의 손길이라고 말씀합니다. 백발의 노인에게도 어머니의 품은 따뜻하고 행복한 곳입니다. 아기가 엄마의 품속에 안겨 참된 평안과 행복과 위로를 누리듯이 우리도 하나님 아버지의 품속에 안겨 이 세상 그 무엇도 줄 수 없는 참된 평안과 행복과 위로를 누릴 수 있으면 좋겠습니다.

제2부

봄의 새싹으로 피어나다

01
또 다른 신세계

"너는 내 사랑하는 아들이라 내가 너를 기뻐하노라" _ 막1:11

아들이 아버지에게 주는 기쁨보다 더 큰 기쁨은 그 어디에도 없는 것 같습니다. 하나님께서는 독생자 예수님께서 세례 요한에게로 와서 세례를 받으실 때 "너는 내 사랑하는 아들이라 내가 너를 기뻐하노라"(막1:11)고 말씀하시며 아들을 바라보는 아버지의 기쁨을 표현하셨습니다. 비록 예수님께서 앞으로 가셔야 할 길이 십자가 고난의 길이지만, 하나님으로부터 받은 사명을 완수하기 위해 공생애 사역의 첫발을 내딛는 아들을 바라보는 아버지의 흐뭇한 기쁨이 여기에 담겨 있습니다. 또한 스바냐 3장 17절은 "그가 너로 말미암아 기쁨을 이기지 못하시며 너를 잠잠히 사랑하시며 너로 말미암아 즐거이 부르며 기뻐하시리라"고 말씀합니다. 사랑하는 자녀들(이스라엘 백성들)로 인한 기쁨을 주체할 수 없어 콧노래 부르시는 하나님 아버지의 모습이 여기에 담겨 있습니다. 그래서 나도 하나님의 아들인 나를 바라보시며 기쁨을 이기지 못하시고 즐거이 노래 부르시는 하나님 아버지를 생각하며 아버지가 된 기쁨을 즐거이 노래 부르고 다녔습니다. 그리고 지금 이 글을 통해서도 주체할 수 없는 그 기쁨을 노래 부르고 있는 것입니다.

만39살 11개월이라는 도저히 결혼하기 힘들 것 같은 늦은 나이에 우리 어머니를 제외한 모든 사람들이 나에게는 너무 과분하다고 생각하는 젊고 예쁘고 착한 여자와 결혼하여 바보처럼 실실 웃으며 행복해 하는 나를 향해 어느 권사님이 하신 말씀이 지금도 잊혀지지 않습니다. "결혼을 하니까 총각으로 살 때하고는 완전히 다른 세상에 온 것 같죠. 그런데 이제 아이를 낳아봐요, 지금과는 또 완전히 다른 세상이 눈 앞에 펼쳐질 거니까." 사실 그 권사님이 이런 말씀을 하실 때에는 신혼의 행복감에 젖어 그다지 귀 기울여 듣지 않았습니다. 그러나 삶의 연륜이 깊은 나이 드신 어른의 말씀은 근성으로 듣고 한 귀로 흘려버려도 되는 그런 허튼 말이 아니었습니다. 아들을 낳고 보니 정말 그 권사님이 하신 말씀 그대로 였습니다. 아버지가 되니 결혼하여 남편이 된 것과는 또 다른 경이의 세상이 펼쳐졌습니다.

서로 다른 환경과 여건 가운데서 자라나 자기만의 세상 속에서 살아가는 서로 다른 남녀가 사랑이라는 이름으로 만드는 가정은 완전히 다른 세상이었습니다. 서로 양보하고, 이해하고, 용납하는 성숙이 필요한 세상이었습니다. 그런데 남편과 아내로 이루어진 가정에 사랑의 열매가 맺혀 아버지와 어머니, 아들(딸)로 확장되어 이루어지는 가정은 또 다른 신세계였습니다. 아들을 통해 나는 이전과는 완전히 다른 세상을 경험했으며 그것을 통해 하나님 아버지를 더 깊이 알게 되었습니다.

아버지가 된 후의 삶은 이전과는 완전히 다른 것이었습니다. 잠도 제대로 자지 못하고 하고 싶은 일도 마음대로 하지 못하는 피곤하고 힘든 생활을 감당해야만 하였습니다. 하지만 잠을 자지 못해도 기쁘고, 하고 싶은 일을 하지 못해도 만족스럽고, 몸이 피곤해도 행복하고, 힘든 일이 생겨도 즐거웠습니다. 그리고 사랑하는 아들을 바라볼 때 가슴속 깊은 곳에서부터 솟아 오르는 충만한 기쁨으로 인해 때때로 온 몸이 터져 산산 조각이 날 것만 같았습니다. 아버지가 되기 전에는 전혀 마음에 와 닿지도 이해되지도 않았던 "자식은 눈에 넣어도 아프지 않다"는 경구가 머리 끝에서 발 끝까지 너무나도 생생하게 가슴에 와 닿았습니다.

그러나 무엇보다도 더 경이롭고 감사한 것은, 하나님 아버지의 사랑을 이제는 훨씬 더 실제적이고 생동감 있게 축축한 가슴으로 전할 수 있게 되었다는 것이었습니다. 아버지가 되기 전에는 하나님의 사랑을 허공 속에서 사라져 버리는 메아리처럼 피상적으로 전했던 것 같습니다. 그러나 아버지의 삶을 직접 체험한 후에는 목사로서 그 동안 공허한 입술의 울림처럼 피상적으로 전했던 하나님 아버지의 사랑을 좀더 생생하고 입체적으로 전할 수 있게 되었습니다.

구제불능 수준의 노총각이 되도록 결혼을 못하고 있는 나를 향해 어느 선배 목사가 "아버지가 되어 자식을 향한 아버지의 사랑을 직접 느끼고 경험해보지 못한 사람이 하나님 아버지의 사랑을 전하는 데는 한계가 있다"고 말하며 더 늦기 전에 빨리 결혼을 해서 자식을 낳으라는 충고를 했습니다. 결혼하지 못한 노총각의 히스테리 혹은 열등감 때문이었는지, 그 때 나는 그 선배의 조언을 들으면서 "예수님은 33살의 총각이었는데도 하나님의 사랑을 완벽하게 실천하였고, 사도 바울도 독신이었음에도 불구하고 하나님의 사랑을 너무나도 훌륭하게 잘 전했잖아요"라고 대꾸하면서 흥분하여 씩씩거렸던 기억이 납니다. 나의 이런 신경질적인 과민 반응에 그 선배 목사는 이렇게 응대를 했습니다. "예수님은 성자 하나님이시고, 사도 바울은 독신의 특별 은사를 받은 사람이잖아."

예수님처럼 하나님의 성품을 가진 존재도 아니고 그렇다고 사도 바울처럼(사실 기혼자였을 가능성이 더 많지만) 독신의 특별 은사를 받은 사람도 아니었던 나는 그 선배의 지혜로운 응답에 더 이상 아무런 대꾸를 할 수가 없었습니다. 그래서 "에이, 억지부리지 말아요. 총각이어도 그동안 예수님의 사랑을 잘 전해 왔고, 아버지가 아니어도 하나님 아버지의 마음을 잘 설명해 왔으니까 걱정하지 말아요"라고 빈정거리며 논쟁을 급하게 마무리 했습니다. 그리고 속으로는 아버지가 아니더라도 앞으로 얼마든지 하나님 아버지의 마음과 사랑을 문제없이 잘 전할 수 있다고 투덜거렸습니다.

그러나 이제 아들을 기르는 아버지가 되어 아버지의 기쁨과 사랑을 직접 몸으로 느끼며 실천하고 있는 지금, 성자 하나님이시기는 하지만 그래도 육신적으로는 총각이었던 예수님께서 '탕자의 비유'를 통해 아버지의 사랑을 어떻게 그토록 실감나고 감동적으로 표현할 수 있었는지 나에게는 신비로 다가 옵니다. 총각이신 예수님이 어떻게 아버지의 사랑을 그렇게 절절히 읽어 내셨는지 한 아들의 아버지인 나에게는 신비입니다. 혹시 이 글을 읽으면서 어떤 분은 "목사라는 사람이 신학적으로 좀 위험한 소리를 하고 있네"라는 핀잔을 하실지도 모르겠습니다. 하지만 나는 지금 아버지가 된다는 것이 하나님의 신비한 은혜라는 것을 말하기 위해 조금 억지스러운 논리를 펴고 있을 뿐입니다. 아마도 지금 나는 아버지가 된 기쁨에 취해 제 정신이 아닌 모양입니다. 아버지가 된 기쁨은 정말 말로 표현하기 힘든 하나님의 신비한 은혜입니다.

02
속도 위반이 아닌지

"너는 내 아들이라 오늘 내가 너를 낳았도다" _ 시편2:7

우리 주변에 보면 자식을 낳고 싶어도 낳지 못해 힘들어하고 실망하는 가정들이 예상외로 많이 있는 것 같습니다. 일반적인 기준으로 볼 때 자식을 낳아 잘 기를 수 있는 모든 자격과 여건을 다 갖춘 가정임에도 불구하고 그토록 원하는 자식을 낳지 못해 슬퍼하고 낙담하는 부부들을 보면 마음이 참으로 시큰합니다. 어떤 가정들은 짧게는 수년 동안, 길게는 십년 이상의 오랜 세월 동안 자식을 낳기 위해 애써고 노력하다가 어렵고 힘들게 자식을 낳는 경우도 있습니다. 오랜 갈망과 기다림 끝에 낳은 자식이기에 그 기쁨이 더 크겠지만, 그래도 자식을 낳기 전까지 그들이 겪었을 고통과 슬픔의 무게는 만만치 않았을 것입니다.

하나님께서는 감사하게도 만 40살을 한 달 앞둔 결혼 거의 포기 상태의 나이에 하나님의 은혜로 결혼한 나에게 이중의 은혜를 베푸셔서

'허니문 베이비'를 낳게 해 주셨습니다. 아주 늦은 나이에 결혼한 내가 결혼하자마자 아들을 얻게 된 것은 참으로 전적인 하나님의 은혜라고 고백할 수밖에 없습니다. 그런데 신혼 여행 중에 아내가 임신하여 낳은 '허니문 베이비'인지라 주변의 지인들이 축하인사를 하면서 농담 반 진담 반으로 "혹시 속도 위반한 거 아니냐"는 짓궂은 말을 덧붙이곤 했습니다. 그러면 나는 결혼한 날짜와 아들을 낳은 날짜를 정확하게 밝히면서 "속도 위반인지 아닌지 직접 한번 계산해 보라"고 쓴 웃음을 지으며 대꾸했습니다. 그냥 웃음으로 넘어가도 되는 일이었지만 목사도 믿지 못해 그런 진담 같은 농을 하는 세태가 슬퍼서 조금 언짢았습니다. 그래도 전혀 기대치 않게 하나님께서 너무나도 빨리 허락해 주신 아들로 인해 너무 기쁘고 감사했습니다.

자식은 낳고 싶다고 해서 낳는 것이 아닌 것 같습니다. 하나님께서 주셔야 합니다. 하나님께서 생명을 허락해 주셔야만 우리는 자식을 낳을 수가 있습니다. 물론 하나님을 믿지 않는 무신론자인 리처드 도킨스는 "사람과 기타 모든 동물이 유전자에 의해 창조된 기계에 불과하다"고 주장합니다. 유전자가 우리의 몸과 마음 모두를 창조했고, 우리 인간은 단지 유전자를 보존하기 위해 맹목적으로 프로그램화된 기계라는 것입니다. 그래서 결국 생명이란 유전자 프로그램의 전개과정일 뿐이라고 주장합니다.

그러나 창세기 2장 1절은 흙으로 사람을 만든 후에 그 속에 생명을 불어 넣으신 분이 바로 창조자 하나님이시라고 말씀합니다. 다시 말해, 생명을 주시는 분은 하나님이시라는 것입니다. 그러므로 우리가 낳은 아들 딸들은 하나님의 전적인 은혜로 얻은 생명이라고 할 수 있습니다. 이런 의미에서 비록 육신의 부모들이 자식을 낳을 지라도 근원적으로 그 생명을 낳은 분은 하나님이십니다. 그래서 시편 2편 7절에서 하나님은 그의 백성들을 향해 "너는 내 아들이라 오늘 내가 너를 낳았도다"고 선언하십니다. 즉 하나님께서 우리를 낳으셨다는 것입니다. 그러므로 결국 우리의 부모를 낳으시고, 우리를 낳으시고, 우리의 자식을 낳으신 분은 하나님이십니다. 다시 말해, 하나님이 모든 생명의 아버지이십니다.

그런데 하나님께서는 예수 그리스도를 통해서 이 모든 생명 낳음을 완성하십니다. "곧 하나님이 예수를 일으키사 우리 자녀들에게 이 약속을 이루게 하셨다 함이라 시편 둘째 편에 기록한 바와 같이 너는 내 아들이라 오늘 너를 낳았다 하셨고"(행13:33). 이 말씀에 의하면, 하나님께서는 예수님을 낳으셨고, 또한 하나님의 독생자 예수 그리스도를 통해서 우리에게 생명을 주십니다. 다시 말해, 하나님께서는 예수 그리스도를 통해서 우리를 낳으십니다.

사실 이 내용을 좀더 정확하게 이해하기 위해서는 다소 신학적인 설명이 좀 필요합니다. 그런데 그 신학적 설명이라는 것이 그리 단순하지는 않습니다. 하지만 C.S. 루이스가 〈순전한 기독교〉에서 삼위일체에 대해 이야기하면서 하나님께서 어떻게 예수님을 통해 우리에게 생명을 주시는 지에 대해 잘 설명해 주고 있습니다. 그래서 루이스의 설명을 토대로 하여 하나님께서 예수 그리스도를 통해서 우리를 어떻게 낳으시는 지에 대해 간단히 설명해 보겠습니다.

기독교의 삼위일체 교리에 의하면 예수님께서는 모든 세계가 창조되기 전에 하나님 아버지에게서 나셨습니다. 이 말의 의미는 예수 그리스도는 하나님의 아들로 '창조되신' 것이 아니라 '나셨다'는 것입니다. '낳는다는 것'은 아버지가 된다는 뜻이고, '창조한다는 것'은 만든다는 뜻입니다. '낳는 것'과 '만드는 것'의 차이를 간단히 설명하면 이렇습니다. 사람인 나는 나와 같은 종류의 사람인 나의 아들을 낳았습니다. 그리고 그 아들을 위해서 침대를 만들어 줍니다. 그러나 내가 '낳은' 아들과 내가 '만든' 침대는 완전히 다른 존재입니다. 새는 알을 부화시켜 새끼를 낳습니다. 그리고 그 아기새를 위해 둥지를 만듭니다. 그러나 새가 '낳은' 아기새와 새가 '만든' 둥지는 완전히 다른 존재입니다.

사람은 사람을 낳고 새는 새를 낳습니다. 이와 같이 하나님은 하나님을 낳습니다. 하나님은 하나님을 창조하거나 만들지는 않습니다. 성부 하나님은 성자 하나님을 낳으셨지 창조하거나 만들지 않으셨습니다. 이런 측면에서 본다면 우리 인간은 예수 그리스도가 하나님의 아들인 것과 같은 의미에서 하나님의 아들이 될 수는 없습니다. 하나님께서는 예수 그리스도는 낳으셨지만 우리 인간은 창조하셨습니다. 그래서 하나님의 아들이신 예수님은 성자 하나님이시지만 하나님의 아들과 딸인 우리들은 그냥 사람일 뿐입니다. 그러므로 엄밀한 의미에서 볼 때 '하나님의 아들'은 오직 예수 그리스도 한 분 뿐이십니다.

그러나 하나님의 아들이신 예수 그리스도께서 우리 인간의 몸을 입고 이 땅에 오셔서 우리의 대속물로 죽으시므로 우리 인간들은 만든 생명(Zoe)이 아니라 낳은 생명(Bios)에 동참할 수 있게 되었습니다. 야고보서 1장 18절은 이것을 이렇게 설명합니다. "그가 그 피조물 중에 우리로 한 첫 열매가 되게 하시려고 자기의 뜻을 따라 진리의 말씀으로 우리를 낳으셨느니라." 즉, 하나님께서 예정하신 자신의 뜻을 따라 진리의 말씀이신 예수 그리스도를 통해 우리를 낳으셨습니다. 다시 말해, 하나님께서 낳으신 아들인 예수 그리스도의 생명에 동참하므로 우리들도 예수 그리스도를 통해 하나님께서 낳으신 아들이 되는 것입니다. 이런 의미에서 하나님은 우리를 낳으셨고 우리는 하나님의 아들과 딸이 된 것입니다. 그리고 우리가 낳은 아들과 딸도 예수 그리스도 안에서 하나님의 아들과 딸이 되는 것입니다.

그러므로 나의 아들은 하나님께서 예수 그리스도를 통해서 낳은 생명입니다. 비록 나와 아내가 육신의 부모가 되어 아들을 낳았지만 그 생명을 주신 분은 하나님이십니다. 하나님께서 주시지 않으면 우리는 어떠한 생명도 얻을 수가 없습니다. 따라서 나의 아들은, 그리고 여러분의 아들 딸들은 모두 하나님께 속한 생명입니다.

03
고통으로 피워낸 생명

"출산하는 여인에게는 출산할 때의 고통이 있다.
그러나 아이를 낳으면 여인은 아이가 세상에 태어난 것이 너무 기뻐서
그 고통을 잊어버린다" _ 요16:21, 쉬운성경

초저녁에 만삭이 된 아내에게 출산이 임박했음을 알리는 진통이 왔습니다. 그래서 무척이나 힘겨워하고 괴로워하는 아내를 차에 태우고 병원으로 달려갔습니다. 그런데 아내의 상태를 점검한 병원에서는 아기가 나올 시간이 아직 멀었으니 더 심한 진통이 빠른 주기로 반복해서 오면 그 때 다시 병원으로 오라고 했습니다. 캐나다는 영주권자나 시민권자에게는 특별한 몇 가지 진료 분야를 제외한 거의 모든 진료비가 무료이기 때문에 병원에서는 꼭 필요한 진료만 해 줍니다. 정부의 의료비용을 아끼기 위해서 입니다. 그래서 신생아를 낳은 후에도 산모와 아기에게 특별한 이상이 없으면 출산 후 하루 만에 퇴원하는 것이 이 곳 병원의 수칙입니다. 이렇게 불필요한 의료비를 철저하게 아끼는

무상 진료 제도이기 때문에 산모가 아기를 낳기 전에도 출산이 거의 임박해야만 병원에 입원할 수가 있습니다. 그래서 병원의 결정을 따를 수밖에 없기에 진통으로 괴로워하는 아내를 데리고 다시 집으로 돌아와야만 했습니다.

집에 다시 돌아온 후에도 아내는 계속되는 진통으로 힘겨워했습니다. 하지만 나는 다음 날 새벽예배를 나가야 한다는 핑계 아닌 핑계를 대고는 계속되는 진통으로 괴로워하는 아내를 한국에서 오신 장모님께 다소 무정하게 떠맡기고 저녁 11시경에 잠자리에 들었습니다. 그런데 자정이 조금 지나자 극심한 진통을 더 이상 견디지 못한 아내가 병원에 다시 가자며 깨웠습니다. 나는 여자가 아기를 낳는 장면을 눈으로 직접 본 경험이 한번도 없었기 때문에 막연히 여자가 참을 수 없을 정도의 괴성을 지르기 시작하면 태속의 아기가 나오는 것으로 생각을 했습니다. 그런데 내가 보기에 아내는 영화나 드라마에서 나오는 것처럼 크게 소리지르거나 심각하게 괴로워하지는 않는 것 같았습니다. 그래서 아기가 나오려면 더 심한 진통이 와야만 한다는 생각이 들어 아내에게 좀 더 심하게 아플때까지 기다려야 한다고 말했습니다. 왜냐하면 아직 아기가 나올 때가 되지 않았는데 괜히 병원에 일찍 가서 또 다시 허탕을 치고 싶지 않기 때문입니다. 지금도 기회만 되면 그 날의 일을 두고 두고 원망하는 아내의 불평처럼 어쩌면 깊이 잠을 자다가 일어나 한밤중에 병원에 가는 것이 피곤하고 귀찮아서 그랬을 수도 있습니다. 하지만 이유야 어찌되었던 나는 아내에게 진통이 더 심해질 때까지 좀

더 참으라고 말하고는 태연하게 다시 잠을 청했습니다.

그런데 새벽 두 시쯤 되자, 극심한 진통을 견디고 있던 아내의 배속에서 양수가 터져 흘러 내렸습니다. 잠결에 이 말을 듣고 놀라 벌떡 일어난 나는 급하게 차를 몰고 허겁지겁 병원으로 달려갔습니다. 그렇게 병원에 입원한 아내는 약 8시간 정도의 치가 떨리는 산고를 겪으면서 아들을 낳았습니다. 아내 곁에서 출산의 장면을 지켜보던 나는 한 생명을 잉태하는 고통이 얼마나 큰 지를 생생하게 경험할 수가 있었습니다. 아기가 엄마의 배속에서 세상으로 나올 때 산모는 온 몸의 구조가 뒤틀리고 이빨이 망가질 정도의 큰 고통을 치른다는 말이 맞다는 것을 아내의 출산을 지켜보면서 알게 되었습니다.

두 번 다시 경험하고 싶지 않다는 극심한 출산의 고통 끝에 낳은 아들을 처음으로 자신의 가슴에 품은 아내의 눈에서 뜨거운 눈물이 흘러 내렸습니다. 온 몸이 뒤틀리고 뼈가 부숴지는 듯한 고통을 치른 후에 얻은 새 생명을 가슴에 안은 산모의 감격이 얼마나 큰지는 사실 아버지인 나도 완전히 알 수는 없을 것 같습니다. 오직 잉태의 고통을 몸소 치른 어머니만이 새 생명을 품은 감격의 크기를 분명히 알 수 있을 것입니다. 하지만 이제 막 세상에 나온 핏덩이를 가슴에 안고 온갖 감정이 교차하는 감격의 눈물을 흘리는 아내를 바라보는 나의 눈에서도 추체할 수 없는 감격의 눈물이 그렁그렁 고이며 흘러내렸습니다.

생명을 낳는 고통은 무시무시하게 아프고 고통스러운 것이었습니다. 그런 극심한 고통을 경험했던 아내는 다시는 아기를 낳지 않겠다는 결연한 선언을 했습니다. 하지만 생명을 낳는 고통보다 낳은 생명이 주는 기쁨과 행복이 더 크다는 성경 말씀이 정말로 허튼 말은 아닌 모양입니다. 요한복음 16장 21절은 여자가 아이를 낳을 때는 두 번 다시 아기를 낳고 싶지 않다는 생각이 들만큼 견딜 수 없는 고통이 찾아 오지만 아이를 낳은 후에는 죽을 것만 같던 고통을 잊어 버리고도 남는 큰 기쁨이 찾아 온다고 말씀합니다. 그런데 정말 이 말씀처럼 다시는 아기를 낳지 않겠다고 선언했던 아내의 마음은 귀엽고 건강하게 무럭무럭 자라는 아들을 기르면서 점점 아이를 한 명 더 낳고 싶다는 마음으로 바뀌었습니다.

사실 아기를 낳는 산모의 고통은 해산하는 그 순간에만 겪는 것이 아닙니다. 10개월이라는 긴 세월 동안 산모가 배속의 아기를 부둥켜안고 씨름하다가 피를 흘리는 산고의 극심한 고통 끝에 낳는 것이 생명입니다. 이렇게 아이를 낳으며 인간이 견딜 수 있는 한계 이상의 고통을 겪는 아내를 곁에서 지켜보면서 생명을 낳는 고통이 얼마나 힘들고 괴롭고 고통스러운 것인지를 생생하게 경험하고 확실히 깨닫게 되었습니다. 그리고 이렇게 생명 잉태의 고통을 경험하고 깨달으면서 우리에게 영원한 생명을 주시기 위한 십자가의 죽음을 앞에 두고 괴로워하시고 몸부림치신 예수님의 모습을 새롭게 이해하게 되었습니다.

예수님은 십자가의 죽음을 앞에 두고 겟세마네 동산에서 "내 아버지여 만일 할 만 하시거든 이 잔을 내게서 지나가게 하옵소서"라고 하나님께 너무나도 간절하게 기도하셨습니다. 예수님께서 얼마나 간절하고 갈급하게 기도하셨는지 땀방울이 피방울처럼 땅에 떨어졌다고 말씀합니다(눅22:44). 게다가 예수님은 십자가 위에서도 "나의 하나님, 나의 하나님, 어찌하여 나를 버리시나이까? "라고 소리지르며 몸부림치셨습니다.

한 때 이런 예수님의 모습이 의아하고 이해가 되지 않았습니다. 단지 존경받는 철학자일 뿐이었던 소크라테스도 억울한 죽음 앞에서 당당하게 독배를 마셨고, 연약한 소녀였던 우리의 유관순 누나도 일본 순사의 모진 고문에 굴하지 않고 비명 한번 지르지 않고 의연하게 죽어 갔습니다. 그런데 인류의 모든 죄를 구속하실 메시야이신 예수님께서 왜 죽음 앞에서 좀 더 담대하지 못했을까 하는 다소 철없는 의문이 든 적이 있었습니다. 하지만 소크라테스는 죽음의 참 실체를 알지 못했기 때문에 죽음 앞에서 그렇게 당당할 수 있었지만 예수님께서는 죽음의 참 실체를 너무나도 잘 알고 계셨기 때문에 죽음 앞에서 그렇게 고민하고 몸부림치셨다는 어느 신학자의 해석을 읽은 후에야 십자가의 죽음 앞에서 번민하며 몸부림치시는 예수님의 모습을 이해하게 되었습니다. 소크라테스는 죽음의 실체와 그것이 주는 공포와 두려움을 제대로 알지 못했지만, 예수님은 죽음의 공포와 두려움의 참 실체를 너무나도 잘 알고 계셨기 때문에 죽음 앞에서 고뇌하며 몸부림치셨던 것입니다.

아기를 낳기 위한 출산의 고통을 겪는 아내를 곁에서 지켜보면서 십자가 위에서 예수님이 겪으신 고통을 좀더 확실하게 이해할 수가 있었습니다. 십자가 위에서 예수님이 겪으신 고통은 단순히 육체적인 고통만이 아니라 생명을 낳는 고통이었습니다. 단지 한 여자가 한 생명을 낳는 고통이 아니라 온 인류의 죄를 담당한 메시야이신 예수님께서 이 세상 모든 사람들을 위한 영원한 생명을 낳는 고통이었습니다. 그러므로 예수님께서 십자가의 죽음을 통해 겪으신 영원한 생명을 잉태하는 고통은 아이를 낳는 여인과는 비교할 수도 없는 극한의 고통이었을 것이라는 생각이 듭니다. 즉 예수님께서는 인간의 말로는 도저히 표현할 수 없는 그런 잉태의 고통을 통해 우리에게 영원한 생명을 주셨던 것입니다.

그러므로 우리 인간들이 – 물론 실제적인 고통은 여자가 겪지만 남자도 부분적으로 동참한다고 생각합니다 – 아기를 낳으면서 겪는 고통은 예수님께서 온 인류를 위한 영원한 생명을 잉태하시기 위해 십자가 위에서 겪으신 고통(물론 지극히 작은 한 부분이기는 하지만)에 동참하는 것이 아닌가 하는 생각을 해 봅니다. 결국 하나의 생명을 낳으면서 겪는 인간의 고통은 온 인류를 위한 영원한 생명을 낳으면서 겪으신 예수님의 상상할 수 없는 극심한 고통에 우리 인간이 조금이나마 동참할 수 있도록 하신 하나님의 은혜라고 할 수 있습니다. 그리고 감사하게도 나는 아들을 낳는 아내의 극심한 고통을 목도함을 통해 그 하나님의 은혜를 누리게 되었습니다.

04
길을 잃지 않으려면

"문으로 들어가는 이는 양의 목자라 문지기는 그를 위하여 문을 열고
양은 그의 음성을 듣나니 그가 자기 양의 이름을 각각 불러 인도하여
내느니라 자기 양을 다 내놓은 후에 앞서 가면 양들이 그의 음성을
아는 고로 따라오되 타인의 음성은 알지 못하는 고로 타인을 따르지
아니하고 도리어 도망하느니라" _ 요10:2-5

몇 해 전에 어느 교회 창립 예배에 참석했다가 축하 피로연이 열리는 식당에서 어린 아들을 잠시 잃어 버린 적이 있습니다. 그 때 참석했던 예배에는 비록 새로 창립하는 교회였음에도 불구하고 아주 많은 하객들이 왔습니다. 그래서 새로 창립한 교회가 예배를 드리기 위해 빌려서 사용하는 예배실이 속해 있는 신학교의 큰 식당에는 수백 명의 하객들로 넘쳐났습니다. 축하객들로 분비는 식당에서 아내와 아들과 함께 식사를 한 후에 집으로 가기 위해 식당 밖으로 나왔습니다. 그런데 식당 밖으로 나와서 뒤를 돌아 보니까 함께 있어야 할 아들이 보이지

않았습니다. 사람들로 분비는 식당을 나오면서 아들에게 분명히 아빠 뒤를 잘 따라 오라고 말했습니다. 그리고 나오면서 간간이 뒤를 향해 아들의 이름을 불렀습니다. 그런데 아버지의 소리를 들으면서 뒤를 따라 왔어야 할 아들의 모습은 어디에도 보이지 않았습니다.

너무나도 놀라 혼비백산한 나는 복잡한 식당을 다시 비집고 들어가서 체면 불구하고 큰 소리로 아들의 이름을 불렀습니다. 그런데 아빠와 엄마를 잃어 버리고 무서워서 울면서 식당 안을 돌아 다니고 있던 아들이 자기 이름을 부르는 아빠의 소리를 듣고는 칸막이로 막힌 식당의 다른 쪽에서 울면서 달려 왔습니다. 결국 아빠의 소리를 듣지 않고 자기가 가고 싶었던 곳으로 갔다가 길을 잃어 버렸던 아들은 아빠의 소리를 듣고 다시 길을 찾았던 것입니다. 이렇게 아들이 아버지의 음성을 따라가야 길을 잃지 않듯이 우리는 하나님의 음성을 따라가야 길을 잃지 않습니다. 길을 잃지 않기 위해서 아들이 아버지의 음성을 따라가야 하듯이 하나님의 양떼들인 우리가 길을 잃지 않기 위해서는 우리의 목자되신 예수님의 음성을 따라가야만 합니다.

목자이신 예수님께서는 잃어버린 자신의 양떼들을 찾기 위해 하늘로부터 유대 땅까지 오셨습니다. 그러나 양떼들을 향해 이름을 부르며 소리치는데도 그들은 아무런 반응이 없었습니다. 도리어 자신들을 위험과 죽음으로 인도하는 도둑들과 강도들을 따라가고 있었습니다. 이런 상황에서 예수님은 양과 목자의 비유(요10:1-18)를 말씀하셨습니다.

예수님 당시의 사람들은 양과 목자에 관해서 너무나도 잘 알고 있었습니다. 그래서 공관복음서를 통해 예수님께서 양과 목자를 주제로 자주 설교하시고 또 비유로 많이 사용하시는 것을 볼 수가 있습니다.

팔레스타인 지역에 사는 목자들은 풀이 많을 때에는 집 가까운 곳에서 양떼들을 먹였지만, 건조한 시기가 되면 집에서 아주 먼 곳까지 풀을 따라 이동하면서 먹여야 했습니다. 그런데 때로는 너무 먼 곳으로 가기도 했기 때문에 하루 만에 집으로 돌아 올 수 없을 때도 있었습니다. 그럴 때에는 들판에 돌을 쌓아 올려 울타리를 만들고 그 위에 가시덤불을 올려 공동 우리를 만들었습니다. 그리고 밤이 되면 소유를 구분하지 않고 그 속에 모든 양떼들을 넣어 두었습니다. 그런데 그 우리는 사방으로 다 막혀 있고 양떼들이 드나들 수 있는 조그만 문만 하나 있을 뿐이었습니다. 그 문에는 양떼들을 지키는 문지기가 있었습니다. 그래서 목자들은 그 문지기에게 자신들의 양떼들을 맡긴 후에 잠을 자러 갔습니다. 그리고 아침이 되면 목자들이 와서 문을 열고 자기 양떼들을 데리고 갔습니다.

그런데 서로 뒤섞여 있는 양떼들 속에서 각 목자들이 자기 양떼를 구별하여 분리하는 방법은 목자 특유의 소리를 내는 것이었습니다. 목자들은 자기 양 하나 하나를 일일이 잡으려고 뛰어 다니지 않았습니다. 단지 양들의 귀에 익은 각 목자의 소리를 통해 자기 양떼들을 구별해서 인도해 갔습니다. 그래서 팔레스타인 지방의 목자들은 평소에 양떼들에게 말도 하고 노래도 부르고, 종종 작은 플룻으로 같은 곡조의 노래를 반복해서 연주하기도 했습니다. 그리고 이런 목자의 소리에 익숙해진 양떼들은 항상 자기 목자의 소리를 듣고 그 목자의 인도를 따라 나아갔습니다. 다시 말해, 양들은 자신의 목자가 아닌 다른 목자가 내는 소리는 따라가지 않았습니다. 오직 친밀한 자기 목자의 음성만 따라 갔습니다.

목자와 양의 관계를 연결시켜 주는 끈은 '목자의 음성'입니다. "양은 그[목자]의 음성을 듣나니"(요10:3)라고 말씀합니다. 또한 "양들이 그[목자]의 음성을 아는 고로 따라오되 타인의 음성은 알지 못하는 고로 타인을 따르지 아니하고 도리어 도망하느니라"(요10:4-5)고 말씀합니다. 우리가 이 구절들을 좀 더 잘 이해하기 위해서는 먼저 양의 특성을 알아야 합니다.

양은 1미터나 2미터 앞에 있는 사물도 제대로 구분할 수 없을 정도로 시력이 나쁘다고 합니다. 우리 인간의 시력을 기준으로 말하면, 양의 시력은 마이너스 10정도 된다고 합니다. 그러니까 우스개 소리로 말하면, 양은 한마디로 눈에 뵈는 것이 없는 동물입니다. 눈에 뵈는 것이 없으니까 어떤 의미에서는 정말 무서운(?) 동물입니다.

그런데 양은 이렇게 시력이 약한 반면, 청력은 아주 강합니다. 귀가 아주 잘 발달되어 있습니다. 그래서 우리 인간은 듣지 못하는 아주 작은 소리도 들을 수가 있습니다. 이렇게 시력은 약하고 청력은 강하기 때문에 양들은 소리를 따라 움직입니다. 눈으로 보지 못하니까 소리를 듣고 따라가는 것입니다. 그러므로 양들은 눈으로 보고 따르는 것이 아니라 귀로 듣고 따릅니다. 즉 양들에게는 듣는 것이 생명입니다.

하나님의 양들인 그리스도인들도 보는 것으로 살지 않고 듣는 것으로 살아가는 존재입니다. "믿음은 들음에서 나며 들음은 그리스도의 말씀으로 말미암았느니라"(롬10:17)고 말씀합니다. 그리스도인들이 길을 잃지 않기 위해서는 목자 되신 예수님의 음성을 듣고 그 음성을 따라가야 합니다. 다시 말해, 그리스도인들은 우리가 가야 할 길과 목적지를 다 알고 가는 것이 아니라 단지 목자의 음성을 듣고 목자가 가는 길을 그대로 따라가는 것일 뿐입니다. 이것이 바로 그리스도인의 믿음이요 믿는 자의 자세입니다. 우리는 목자되신 예수님을 믿기 때문에 목자되신 예수님의 음성을 듣고 따라갈 뿐입니다.

그러나 유대인들은 예수님께서 진리의 음성으로 아무리 불러도 목자이신 주님을 따라 가지 않았습니다. 도리어 강도들과 도둑들의 소리를 따라 갔습니다. 그 이유는 그들이 목자의 음성을 알지 못했기 때문이었습니다. 그럼 왜 그들은 목자의 음성을 알지 못했을까요? 예수님의 음성이 그들에게 친밀하지 않았기 때문입니다. 다시 말해, 예수님의 양들이 아니었기 때문입니다. 예수님의 양들과 비슷해 보이지만 실제로는 예수님의 양들이 아니었습니다. 그래서 그들은 예수님의 진리의 음성을 따라갈 수가 없었던 것입니다.

예수님의 양들은 목자이신 주님의 음성만 들어도 압니다. 양들에게 예수님의 음성에 대해 일일이 설명해 줄 필요가 없습니다. 예수님이 그들을 잡으려고 일일이 쫓아 다닐 필요가 없습니다. 예수님의 양들은 모두 예수님의 음성(말씀)을 듣고 따라 옵니다. 예수님의 이적과 기적만을 보고 따라 오는 사람들은 예수님의 참된 양들이 아닙니다. 그들은 예수님이 진리의 소리를 외치면 다 도망가 버립니다. 수많은 유대인들이 예수님의 이적과 기적을 보고 따라 왔지만, 정작 진리의 소리를 외치자 다 도망갔습니다. 심지어 예수님을 핍박하고 죽이려 했습니다. 왜냐하면 예수님의 양들이 아니었기 때문입니다.

양들은 목자의 음성을 따라 갑니다. 그리고 목자는 자기 양들만 책임집니다. 그러므로 주님의 음성(진리)을 따라 오지 않는 자들의 영혼을 주님은 책임지지 않습니다. 따라서 우리가 정말 예수님의 양이라면 목자이신 주님의 음성을 분별할 수 있어야 합니다. 그래서 혹시 실수로 다른 목자를 따라 가다가도 자기 목자의 소리를 들으면 길을 돌이키고 돌아와야 합니다. 아버지의 소리를 듣지 않고 자기 길로 가다가 길을 잃어 버렸던 아들이 아버지의 소리를 듣고 다시 길을 찾았던 것처럼 그리스도인들은 목자되신 예수님의 음성을 듣고 잃어버린 길을 다시 찾아야 합니다.

하지만 유대인들은 하나님께서 참 목자이신 예수님을 그들에게 보내어 주셨는데도 불구하고 참 목자의 음성을 듣지 않았습니다. 왜냐하면 진리의 음성을 잊어 버리고 세상의 음성에 익숙해졌기 때문이었습니다. 자신들이 원하는 소리에 익숙해졌기 때문이었습니다. 자신들의 자아와 욕망이 원하는 소리를 원했기 때문이었습니다. 그들에게는 예수님이 외치시는 진리의 소리는 너무나도 비현실적이고 어리석어 보였습니다. 그래서 그들은 더 이상 참 목자의 음성을 듣지 않고 자기들이 가고 싶은 곳으로 갔습니다. 그 길이 영원한 멸망의 길인지도 모른 채 자신들이 듣고 싶어하는 소리만을 따라 갔습니다.

그리스도인들이 이 땅에 살아 가면서 참 목자의 음성과 거짓 목자의 음성 사이에서 갈등할 때가 있습니다. 진리의 소리와 세상의 소리 사이에서 갈등할 때가 있습니다. 예수님은 6일 동안 일하고 하루는 안식하라고 말씀하지만, 세상은 주일성수하지 말고 7일 동안 열심히 일해야만 성공한다고 소리 칩니다. 예수님의 말씀은 원수를 용서하라고 하는데 세상의 소리는 원수를 철저히 응징하라고 합니다. 예수님의 음성은 서로 사랑하라고 하는데, 세상의 음성은 다른 사람들을 넘어뜨려야만 내가 설 수 있다고 말합니다. 그러나 우리가 예수님의 참된 양들이라면 참 목자되신 주님의 음성만을 따라 가야 합니다. 이것이 우리가 길을 잃지 않고 생명길로 나아갈 수 있는 유일한 방법입니다.

05
저 멀리서 들려오는 울음소리

"오직 나는 여호와를 우러러보며 나를 구원하시는 하나님을 바라보나니
나의 하나님이 나에게 귀를 기울이시리로다" _ 미7:7

　결혼하여 아기를 낳아 키워보기 전에는 도저히 이해할 수 없었던 것
들 중의 하나가 부모들이 멀리서도 자기 자식의 울음소리나 음성을 정
확히 구별해 내는 것이었습니다. 교회 영아부실에 많은 아이들이 있음
에도 불구하고 거기서 좀 떨어진 사무실이나 소예배실에서 다른 일을
하고 있던 엄마 아빠들은 아이가 보이지 않은데도 자기 아이들의 울음
소리나 엄마 아빠를 부르는 소리를 정확하게 알아 채고는 영아부실로
급히 달려가곤 했습니다. 이렇게 멀리서도 자기 아이들의 울음소리나
음성을 정확하게 분별하여 알아내는 부모들의 귀가 조금 과장해서 말
하면 참으로 이해하기 힘든 신비였습니다. 적어도 결혼하여 아기를 낳
아 키워보기 전의 나에게는 말입니다.
　그런데 이보다 더 불가사의한 신비는 부모들이 방언이나 우주인 말

같은 아이들의 괴상한 소리들을 정확하게 이해한다는 것이었습니다. 도대체 무슨 말이지 도저히 알 수 없는 암호 같은 아이들의 소리들을 부모들은 너무나도 쉽게 이해했습니다. 이런 불가사의한 신비를 결혼하여 아이를 낳아 키워 보기 전에는 도저히 알 수도 없고 이해할 수도 없었습니다. 하지만 결혼하여 아이를 낳아 기르면서 그 전에는 이해할 수 없는 신비였던 것이 아버지인 나에게 지극히 당연한 일로 다가왔습니다. 실제로 어린 아이들의 울음소리는 보통 사람들은 구분하기 힘들 정도로 거의 비슷합니다. 그런데도 부모들은 자기 아이의 울음소리를 정확히 구별하고 알아 냅니다. 그 전에는 이것이 너무나도 신기했었는데 아버지가 되어 아들을 기르면서 부모들에게는 이것이 지극히 자연스러운 일이라는 것을 알게 되었습니다.

하루는 교회를 개척하기 전에 부목사로 섬기던 교회에 있던 개인 집무실에서 수요예배 설교를 열심히 준비하고 있는데 복도에서 한 아이가 우는 소리가 들려 왔습니다. 그 당시 부목사로 사역하고 있던 교회 안에는 몬테쏘리 스쿨이 있었기 때문에 수많은 아이들이 사무실 복도를 지나가면서 울곤 했습니다. 그런데 그 날 내가 들은 아이의 울음소리는 다른 아이의 울음소리가 아닌 내 아들의 울음소리였습니다. 순간 나는 귀를 의심하지 않을 수가 없었습니다. 그 시간에 엄마와 함께 집에 있어야 할 아들이 교회 복도에서 울고 있을 수는 없는 일이었기 때문이었습니다. 그러나 내 귀에 들려오는 아이의 울음소리는 분명히 아들의 울음소리였습니다. 내 귀에 너무나도 익숙한 그 울음소리가 아들의 울음소리라는 것을 본능적으로 알 수 있었습니다. 그래서 나는 하던 일을 멈추고 사무실 밖으로 나가서 울음소리의 실체를 확인했습니다. 그런데 놀랍게도 복도 저 끝에서 어린 아들이 엄마와 실랑이를 벌이면서 울고 있었습니다. 아내가 예고없이 교회에 들렀다가 복도에서 말 안듣는 아들과 씨름하고 있었던 것입니다.

또 한번은 수요 예배 시간에 강단에서 설교를 하고 있는데 본당 밖에서 한 아이의 울음소리가 들렸습니다. 그런데 내가 듣기에 그 소리는 분명히 아들의 울음소리였습니다. 그래서 나는 밖에 있는 아들에게 무슨 일이 생긴 것은 아닌지 하는 걱정스러운 생각에 예배 시간 내내 마음을 조리면서 서둘러 설교를 마쳤던 적이 있었습니다. 그리고 예배를 마친 후에 나가서 확인해 보니 아니나 다를까 그 울음소리의 주인공은 나의 아들이었습니다.

아버지는 저 멀리서 들려오는 아들의 울음소리를 정확히 분별할 수 있습니다. 울음소리뿐 아니라 아들의 음성도 정확히 분별할 수가 있습니다. 또한 소리만 듣고도 아들의 기분 상태를 파악할 수도 있습니다. 그래서 아버지는 영아부실에서 흘러 나오는 수많은 아이들의 소리들 속에 파묻혀 들려 오는 아들의 울음소리와 음성을 정확하게 분별하여 알아 낼 수가 있는 것입니다.

아버지는 자기 아이의 울음소리와 음성을 알아 낼뿐만 아니라 외계인 소리같은 아이의 이상한 말들을 정확하게 이해할 수가 있습니다. 내 아들이 어렸을 때 자주 말했던 "때꿍 먹고 야야야"가 무슨 의미인지 아십니까? "사탕 먹고 싶다"는 뜻입니다. "태치 가야야"는 "놀이터에 가고 싶다"는 뜻입니다. "압디스 먹고 야야야"는 "아이스크림 먹고 싶다"는 뜻입니다. 그리고 "또따대"는 "목사님"이라는 뜻이고, "팃타때"는 "컴퓨터"라는 뜻입니다. 도대체 어디서 어떻게 이런 발음의 말들이 나왔는지는 모르겠지만 아무튼 그런 뜻입니다. 아들이 말하는 이런 외계인 같은 말들을 부모가 아닌 다른 사람들은 절대 알아 들을 수도 이해할 수도 없습니다. 그러나 아버지인 나는 아들의 이런 암호 같은 말들을 정확히 이해하고 알아 듣습니다. 왜냐하면 나는 아버지로서 아들을 처음부터 모든 사랑과 정성을 쏟아 기르며 함께 했기 때문입니다. 그리고 나의 모든 사랑과 관심이 언제 어디서나 아들에게 집중되어 있기 때문입니다.

허셀 포드라는 목사님이 생물학자인 친구와 함께 뉴욕의 번화가인 브로드웨이를 걸어가고 있었습니다. 그런데 생물학자인 이 친구가 브로드웨이 길을 걸어가다가 갑자기 "어디에서 귀뚜라미 소리가 들리네?"라고 말했습니다. 친구의 말에 의아해진 포드 목사님은 이렇게 되물었습니다. "아니 이 사람아, 이런 번화하고 복잡한 도시에서 무슨 귀뚜라미가 있다는거야?" 그런데 생물학자인 친구는 조용히 귀를 기울이며 귀뚜라미 소리를 따라 갔습니다. 그리고는 복잡한 길에서 조금 떨어진 곳에서 화초를 가꾸는 한 집을 발견했습니다. 그 화초 잎사귀 뒤에서 귀뚜라미 한 마리가 울고 있었습니다.

포드 목사님은 복잡하고 시끄러운 도시 한가운데서 귀뚜라미 소리를 알아내고는 그 소리를 따라가 귀뚜라미를 발견한 친구가 하도 신기하여 이렇게 감탄했습니다. "아니, 이 친구, 귀가 대단한데. 어떻게 이런 복잡하고 시끄러운 도시에서 귀뚜라미 소리를 다 듣지?" 그러자 친구는 "내가 곤충들에게 관심이 많고 또 곤충들을 사랑하기 때문이지" 라고 대답했습니다. 그 일 후에 조금 더 길을 가다가 포드 목사님의 주머니에서 25센트 짜리 동전 하나가 땡그랑 소리를 내며 땅에 떨어졌습니다. 그러자 정신없이 바쁘게 길을 가던 주변의 사람들 대부분이 동시에 떨어진 동전 소리를 듣고 땅을 쳐다 보았습니다. 이것은 무엇을 말해줍니까? 사람들이 그 복잡하고 시끄러운 도심지에서 귀뚜라미 소리는 못들어도 떨어지는 동전 소리는 기가 막히게 잘 듣는다는 것입니다. 왜냐하면 사람들의 관심과 사랑이 온통 돈에 집중되어 있기 때문입니다.

맥스 루케이도는 〈곤고한 날의 은혜〉에서 우리의 소리에 하나님께서 어떻게 진지하게 귀 기울이시는 지에 대해 이렇게 말합니다. "우리는 하나님께 말할 수 있습니다. 하나님께서 들으시기 때문입니다. 하나님 나라에서 우리 음성은 아주 중요하게 여겨집니다. 그 분은 우리 목소리에 진지하게 귀 기울이시기 때문입니다. 하나님께 나아갈 때 그분은 우리의 음성을 듣기 위해 우리 쪽으로 고개를 돌리십니다. 그러므로 무시당할까봐 염려할 필요는 없습니다. 설령 말을 더듬고 머뭇거린다든지, 다른 사람들이 우리 말에 아무 반응을 보이지 않을지라도 하나님만은 귀 기울여 듣고 감동하십니다 … 하나님께서는 우리의 음성을 들으십니다. 주의 깊게, 집중해서 들으십니다."

목자가 양의 소리에 귀를 기울이듯이, 아버지가 아들의 소리에 모든 관심을 집중하듯이, 하나님 아버지는 우리의 소리를 주의 깊게 집중해서 들으십니다. 하나님 아버지는 우리의 음성을 알고 우리의 소리를 듣습니다. 그러므로 우리는 하나님 아버지께 담대히 나아가 소리칠 수 있습니다. "그를 향하여 우리의 가진 바 담대한 것이 이것이니 그의 뜻대로 무엇을 구하면 들으심이라 우리가 무엇이든지 구하는 바를 들으시는 줄을 안즉 우리가 그에게 구한 그것을 얻은 줄을 또한 아느니라"(요일5:14-15). 또한 미가 선지자는 하나님께서 우리의 소리에 귀를 기울이신다고 말씀합니다. "오직 나는 여호와를 우러러보며 나를 구원하시는 하나님을 바라보나니 나의 하나님이 나에게 귀를 기울이시리로다"(미7:7). 그러므로 하나님께서 우리의 음성을 아시고 우리의 소리에 귀를 기울이시는 것을 믿는다면 우리는 하나님 아버지께 담대히 나아가 간구할 수가 있습니다. 하나님 아버지를 우러러보며 우리를 구원하시는 하나님 아버지를 바라보며 외칠 수가 있습니다. 왜냐하면 하나님은 우리의 음성을 아시고 우리의 소리에 주의 깊게 집중해서 진지하게 들으시는 우리의 아버지이시기 때문입니다. 저 멀리서 들려오는 우리의 울음소리 조차도.

제3부

아픔이 깊을수록 자람도 크다

01
붉은 피를 흘뿌리며

"그 아들 예수의 피가 우리를 모든 죄에서 깨끗하게 하실 것이요"

_ 요일1:7

가족에 관한 이야기들을 주로 다루는 텔레비전 채널에서 산모가 아기를 해산하는 적나라한 장면이 자주 나오곤 했습니다. 그런데 결혼하기 전에는 텔레비전에서 우연히 아기를 낳는 장면을 보게 되면 바로 다른 채널로 돌려 버렸습니다. 왜냐하면 여과없이 그대로 중계되는 산모의 출산 장면을 보는 것이 왠지 거북하고 어색했기 때문입니다. 그런데 결혼하여 아내가 임신한 후에 한 백인 여자가 중절 수술을 통해 아기를 낳는 장면을 아내와 함께 시청할 기회가 있었습니다. 그 때 온 몸이 피범벅이가 된 아기가 이 세상에 나와서 처음으로 우는 장면을 보면서 나도 모르게 가슴이 벅차 올라 울컥했습니다. 결혼하기 전에는 전혀 느껴보지 못했던 감격과 눈물이 마음속 깊은 곳에서 차고 올라 왔습니다.

그런데 다른 한편으로는 다른 사람이 아기를 낳는 것을 보면서도 마음이 이렇게 감격스러운데 아내가 아기를 낳는 것을 직접 보는 순간의 마음은 과연 어떠할까 하는 궁금증이 일었습니다. 그리고 과연 어떻게 생긴 아이가 태어날까 하는 궁금한 생각도 들었습니다. 이런 감격과 궁금증 때문에 아내의 해산 날이 무척이나 기다려졌습니다. 하지만 마음이 아무리 갈급해도 정상적인 아기가 태어나기 위해서는 반드시 10개월이라는 시간을 기다려야만 합니다. 하지만 마음이 조급한 나에게는 아기가 엄마 배 속에서 자라는 10개월의 시간이 무척이나 길게 느껴졌습니다. 이렇게 조급하고 지루한 10개월이 지나자 배 속의 아기는 어김없이 엄마의 자궁을 뚫고 이 세상으로 나왔습니다.

엄마의 배 속에서 이제 막 나온 아기는 아직 눈도 뜨지 못하고 숨도 쉬지 못하고 울지도 못한 채 피범벅이 된 몸으로 의사의 손에 잡혀 있었습니다. 아기가 무사히 이 세상에 태어난 것이 감사해서 오열에 가까운 감격과 기쁨이 가슴속에서부터 솟아 올랐지만, 다른 한편으로는 피범벅이 된 채 의사의 손에 잡혀있는 아기를 바라보는 마음은 안쓰럽고 아팠습니다. 물론 탯줄이 잘린 아기의 몸을 간호사가 깨끗이 닦은 후에 우렁차게 우는 아기를 아내의 품에 건네주자 그런 안쓰럽고 아픈 마음은 살며시 사라졌습니다. 하지만 그 짧은 시간을 통해 피범벅이 된 아들을 바라보는 아버지의 마음이 어떤 것인지를 느낄 수가 있었습니다. 그리고 아들이 태어난 지 몇 일이 지나지 않아 아들이 흘리는 피를 바라보아야 하는 참으로 고통스럽고 참혹한 시간을 경험해야만 했습니다.

아내가 아기를 가슴에 안고 계속해서 젖을 물리는데도 아기는 무엇이 맘에 안 들고 불편한 지 계속 울었습니다. 그렇게 울던 아기가 잠이 들면 깨지 않도록 조용히 하고 조심하면서 푹 자도록 내버려 두었습니다. 그런데 갓난 아기가 왜 우는 지를 잘 알지 못하는 초보 부모의 이런 무지한 행동이 결국에는 아기에게 문제가 생기게 만들었습니다. 나중에 간호사에게 들어서 안 사실이지만, 아기가 엄마의 젖을 빨면서도 계속 운 것은 젖이 잘 나오지 않았기 때문이었습니다. 이제 막 태어난 아기가 젖을 빠는 힘은 약할 수 밖에 없습니다. 이에 반해 초보 엄마의 젖은 부드럽게 흘러 나오지 않기 때문에 갓난 아이가 엄마의 젖을 빨아 먹기가 쉽지 않습니다. 그렇기 때문에 산모의 젖을 짜서 아기가 쉽게 빨수 있는 젖병에 담아 먹여야 하는데 그런 초보적인 지식조차 몰랐습니다. 그리고 아기가 곤히 자더라도 4시간에 한번씩은 깨워서 젖을 먹여야 하는데 아기가 한참 자다가 배가 고파서 울면 그때서야 젖을 먹였습니다. 그러나 엄마의 젖을 빨던 아기는 젖이 나오지 않으니까 계속 칭얼거리며 울다가 지쳐 배고픈 상태에서 다시 잠이 들었습니다. 초보 부모의 무지로 인한 이런 악순환이 반복되다가 결국 아기는 영양 부족으로 인해 심한 황달에 걸렸습니다.

출산 후 하룻 밤을 병원에서 머물고 퇴원할 때에 담당 간호사는 이틀 후에 아기를 데리고 소아과 의사에게 가서 정기 검진을 받아야 한다고 말했습니다. 그래서 퇴원 이틀 후에 아기를 데리고 병원에서 소개

한 중국계 소아과 의사에게로 갔습니다. 그런데 아기를 진찰한 의사는 아기의 피부가 너무 노랗다고 염려하면서 피검사를 해야 한다고 말했습니다. 그래서 의사의 처방을 따라 아기를 데리고 피검사실로 갔습니다. 피검사실로 가면서 이제 태어난 지 3일밖에 안된 아기의 피를 어떻게 뽑아서 검사하는 지가 참으로 궁금하고 한편으로는 의아했습니다. 그런데 이제 태어난 지 3일밖에 안된 아들의 피를 뽑는 장면은 아버지인 나에게는 너무나도 고통스럽고 참혹한 충격이었습니다.

피를 뽑는 간호사는 나에게 아기를 꼭 껴안고 있으라고 말한 후에 예리한 바늘 같은 것으로 아기의 발뒤꿈치 부분을 사정없이 찔렀습니다. 갑작스런 고통에 놀란 아기는 자지러지게 울기 시작했습니다. 그러나 자신의 직업 정신에 투철한 간호사는 아기의 절규하는 울음에는 전혀 아랑곳하지 않고 묵묵히 아기의 발뒤꿈치에서 흐르는 피를 유리관에 담았습니다. 하지만 이제 태어난 지 고작 3일밖에 안된 아기의 발에서는 피가 생각처럼 그렇게 많이 흘러 내리지는 않았습니다. 단지 발뒤꿈치에 피가 조금씩 고일 뿐이었습니다. 그런데 아기의 발에서 피가 잘 나오지 않으니까 간호사는 아기의 발뒤꿈치를 우악스럽게 쥐어 짜면서 피가 더 많이 나오도록 했습니다. 이렇게 간호사가 무지막지하게 아기의 발뒤꿈치를 쥐어 짜니까 아기는 더욱 아프고 놀라서 더 많이 몸부림치면서 목젖이 찢어질 정도로 애절하게 울어댔습니다. 그렇게 몸부림치며 절규하는 아들을 바라보는 아버지의 마음은 정말 갈기갈기 찢어지는 듯이 아팠습니다. 참혹하게 피를 흘리는 아들을 바라보는 나의 눈에서는 피눈물이 흘러내리는 듯했습니다. 그리고 마음 속으로 아들보다 더 큰 소리로 울부짖었습니다. 하지만 마음이 그렇게 고통스럽고 아픔에도 불구하고 병에 걸린 아들을 살리기 위해서는 아들이 흘리는 피와 눈물을 그냥 조용히 바라볼 수 밖에 없었습니다.

살바도르 달리(Salvdor Dali)가 1951년에 그린 'Christ of St. John of the Cross"(십자가의 성 요한의 그리스도)라는 그림이 있습니다. 이 그림은 다른 십자가의 그림과는 달린 하늘 위에서 바라보는 시각으로 십자가 위의 예수 그리스도를 그린 그림입니다. 그런데 2000년 전에 하늘 위에서 십자가에 달리신 예수님을 바라보고 계셨던 분은 과연 누구이겠습니까? 바로 하나님 아버지이십니다. 하늘에 계신 하나님 아버지께서는 "나의 하나님 나의 하나님 어찌하여 나를 버리시나이까"라고 소리치는 아들 예수님의 절규를 듣고 계셨습니다. 아들 예수님의 손과 발, 옆구리와 머리에서 흘러내리는 피도 보셨습니다. 그리고 아들 예수님의 울부짖는 소리를 듣는 하나님의 가슴 속에서도 고통의 신음 소리가 흘러 나왔을 것입니다. 독생자 예수 그리스도의 피와 눈물을 바라보는 하나님 아버지의 눈에서는 피눈물이 흘러 내렸을 것입니다.

피검사실에서 아들의 피와 눈물을 바라보기만 해야 하는 경험을 했던 나는 이제 십자가 위에서 독생자 예수 그리스도가 흘리는 피와 눈물을 바라보셔야만 했던 하나님 아버지의 마음을 전보다는 훨씬 더 잘 느낄 수가 있을 것 같습니다. 독생자 예수 그리스도가 십자가 위에서 손과 발에 못 박히실 때 하나님 아버지는 마치 자신의 손과 발에 못이 박히는 그런 고통을 느꼈을 것입니다. 또한 독생자 예수 그리스도의 옆구리에 창이 찔릴 때 하나님 아버지는 마치 자신의 옆구리에 창이 찔리는 고통을 느꼈을 것입니다. 십자가 위에서 고통 속에 절규하며 피와 눈물을 흘리는 독생자 예수 그리스도를 바라보는 하나님 아버지의 눈에서도 동일한 피눈물이 흘렀을 것입니다. 더구나 독생자의 피눈물을 바라보면서도 외면한 채 아무런 반응도 하지 않고, 독생자의 절규와 울부짖음을 들으면서도 그냥 침묵해야만 하는 하나님 아버지의 가슴은 갈기갈기 찢어졌을 것입니다. 폐부를 찌르고 가르는 참혹하고 극심한 고통을 느꼈을 것입니다. 그럼에도 불구하고 하나님 아버지는 십자가 위에 달리신 독생자 예수님을 외면과 침묵 속에서 그냥 바라보셔야만 했습니다. 그 이유는 무엇 때문이었습니까? 우리를 살리기 위해서 였습니다.

고린도전서 5장 7절 하반절은 "우리의 유월절 양 곧 그리스도께서 희생되셨느니라"고 말씀합니다. 또한 요한일서 1장 7절은 하나님의 아들 예수 그리스도의 피가 우리를 모든 죄에서 깨끗하게 한다고 말씀합니다. 결국 하나님께서는 외아들을 유월절 어린양으로 이 세상에 보내시어 우리의 죄를 대신하여 십자가 위에서 돌아가시게 하셨습니다. 그리고 예수님의 십자가의 피로 말미암아 죽음의 심판이 우리를 넘어가는 은혜가 임하여 우리는 영원한 생명을 얻게 되었습니다. L. E. 맥스

웰은 이것을 "우리는 십자가 위에서 태어났다"고 표현했습니다. 즉 예수님께서 십자가 위에서 자신의 생명을 내어 놓으셨을 때, 우리도 마지막 아담이신 예수님과 함께 죽었고 그리고 부활하신 예수님과 함께 살아 났다는 것입니다. 결국 하나님 아버지께서는 독생자 예수 그리스도를 갈보리 십자가 위에서 유월절 희생양으로 드리므로 우리의 모든 죄를 씻으시고 우리를 영원한 죽음에서 구원해 주셨습니다.

하나님 아버지께서는 우리의 죄를 씻으시고 우리를 영원한 죽음에서 구원하시기 위해 독생자 예수 그리스도를 십자가 위에서 피 흘리시도록 내버려 두셨습니다. 예수님의 피가 우리를 살리기 때문에 하나님은 독생자가 죽기까지 흘리는 참혹한 피와 처절한 눈물을 침묵 속에서 그저 바라보기만 하셨습니다. 그리고 십자가 위에서 흘리시는 예수님의 피눈물을 하늘 위에서 바라보시면서 함께 피눈물을 흘리셨습니다.

나는 이제 독생자 예수님이 흘리시는 피와 눈물을 침묵 속에서 그저 바라보기만 하셨던 하나님 아버지의 심정을 조금이나마 알 수 있을 것 같습니다. 피검사실에서 아들이 흘리는 피와 눈물을 바라보는 경험을 통해 십자가 위에서 피흘리시는 독생자 예수님을 바라보시는 하나님 아버지의 심정을 조금이나마 헤아릴 수 있게 되었기 때문입니다.

02
바라보는 슬픈 눈

"그가 예수께서 유대로부터 갈릴리로 오셨다는 것을 듣고 가서 청하되 내려오셔서 내 아들의 병을 고쳐 주소서 하니 그가 거의 죽게 되었음이라"

_ 요4:47

고등학교 때에 농구를 하다가 다른 학생과 심하게 충돌하여 의식을 잃고 병원에 실려 간 적이 있습니다. 의식을 잃은 채 병원에서 몇 시간을 누워 있다가 정신을 차리고 눈을 뜬 후에 가장 먼저 보게 된 것이 침대 곁에서 측은하게 나를 바라보고 계시던 아버지의 눈이었습니다. 의식을 잃고 병원 침대에 누워있는 아들을 바라보는 아버지의 눈에는 근심과 걱정이 가득 담겨 있었습니다. 그 때 순간적으로 보았던 아버지의 눈은 의식을 잃고 누워 있는 아들을 향한 연민과 안타까움으로 가득 찬 참으로 슬픈 눈이었습니다. 그리고 측은함이 가득한 아버지의 그 슬픈 눈 속에서 아들을 향한 아버지의 깊은 사랑을 보게 되었습니다. 평소에는 무척이나 무뚝뚝하시던 아버지의 아들을 향한 사랑을 아파서 누워 있는 아들을 바라보는 아버지의 슬픈 눈을 통해 보게 되었습니다. 그리고 지금도 병원 침대에 누워서 짧은 시간 동안 보았던 아버지의 그 깊은 사랑의 눈빛을 잊을 수가 없습니다.

두 번 다시 겪고 싶지 않은 아들의 피검사를 위한 채혈을 끝내고 집으로 돌아와 갑작스런 고통과 충격에 놀란 아들을 달래고 진정시켜 겨우 잠을 재웠습니다. 그런데 피검사를 위한 채혈을 하고 몇 시간이 지난 초저녁 즈음에 담당 소아과 의사로부터 전화가 걸려왔습니다. 피검사 결과 아기에게 심한 황달 증세가 있는 것으로 판정되었으니 빨리 병원 응급실로 가서 아기를 입원시켜야 한다는 전갈이었습니다. 예상치 못한 의사의 갑작스런 전화에 너무나도 놀란 우리 부부는 아기를 차에 태우고 허둥지둥 의사가 지정한 병원으로 달려갔습니다.

이 곳 캐나다의 의료 제도는 정부에서 거의 모든 치료비를 부담하는 무상 진료 제도 입니다. 그래서 치료비가 전혀 들지 않아 참 좋기는 하지만 진료 시간과 과정이 한국처럼 빠르지 않고 굉장히 느린 것이 큰 단점입니다. 그래서 MRI(자기 공명 영상촬영)나 CT(컴퓨터 단층 촬영)같은 중요한 검사를 받기 위해 예약하고 촬영할 때까지 기다리는 시간이 한국에서는 상상할 수 없을 만큼 깁니다. 기다리는 시간이 빠르면 1-2개월, 늦으면 3-4개월이기 때문에 검사 받을 날짜를 기다리다가 병을 키우는 경우가 종종 있습니다. 급성암에 걸린 경우에는 정밀 검사 예정

일을 기다리는 수 개월 동안 암이 다 퍼져버려 암인 것을 발견하더라도 이미 너무 늦어 버렸기 때문에 손 한번 제대로 못써보고 그냥 죽기도 합니다. 실제로 교회에서 아주 친밀하게 지냈던 권사님 한 분이 3개월 동안 정밀 검사 예정일을 기다린 후 급성 암으로 판정되어 병원에 입원한 지 두 달만에 돌아가신 경우가 있었습니다.

캐나다의 의료 제도가 이런 상황이다 보니 병원 응급실의 진료 대기 시간도 차 사고를 당하여 응급차에 실려왔거나 아주 위독한 병이 아닌 이상 보통 2-3시간 내지 3-4시간 이상을 기다려야 합니다. 그래서 우리는 병원으로 달려가면서도 신생아를 데리고 응급실에서 너무 오래 기다리게 하면 어떡할까 하는 걱정을 했습니다. 그런데 이 곳에 사는 백인 아이들에게는 황달이 그리 흔한 병이 아닌 모양입니다(주로 아시아 계통의 아이들이 많이 걸린다고 합니다). 게다가 이 곳 의사들은 황달에 걸린 아기를 빨리 치료하지 않아 증상이 심해지면 뇌에 큰 손상을 입을 수도 있고 더 심하면 사망할 수도 있는 심각한 병이라고 생각하기 때문인지 담당 소아과 의사가 병원 응급실에 미리 연락을 하여 빨리 입원할 수 있도록 모든 조치를 다 취해두었습니다. 그래서 황달에 걸린 아들은 병원 응급실에서 그리 오래 기다리지 않고 금방 입원할 수가 있었습니다.

입원 절차 후 어린이 병동의 병실에 배정된 아들은 인큐베이트 속에 들어가 치료를 받았습니다. 그런데 황달에 걸려 피부가 노랗게 된 채 인큐베이트 속에 누워 있는 아들을 바라보다가 문득 고등학교 시절에 병원 침대에 누워서 우연히 보게 되었던 아버지의 슬픈 사랑의 눈이 생각이 났습니다. 그러면서 그 때 병원 침대에 누워 있던 나를 바라보시던 아버지의 슬픈 눈속에 담겨있던 아버지의 사랑의 마음이 마치 내 마음인 것처럼 아주 선명하게 느껴졌습니다. 그리고 그 때 나를 바라보시던 아버지의 그 사랑의 눈으로 나의 아들을 바라보고 있다는 사실을 발견했습니다. 인큐베이트 속에 누워 있는 아들을 바라보는 나의 슬픈 눈 속에는 그 옛날 나를 바라보시던 아버지의 근심, 걱정, 연민, 안타까움, 그리고 사랑이 고스란히 들어 있었습니다. 내가 평생 잊을 수 없었던 아버지의 그 슬픈 사랑의 눈과 동일한 눈으로 나의 아들을 바라보고 있었던 것입니다. 그렇게 아들을 바라보면서 인큐베이트 속에 누워있는 아들이 너무나도 가엾고 측은하여 눈시울이 붉어졌습니다. 그리고 고등학교 시절 병원 침대에 누워 있던 나를 바라보시던 아버지의 슬픈 사랑의 눈이 너무나도 선명하게 다시 떠올라 흐느끼며 울었습니다.

예수님께서 물로 포도주를 만드는 첫 번째 이적을 행하신 가나(Cana)에 다시 들어 오셨을 때, 아마도 헤롯 안티파스의 신하였을 한 사람이 가버나움으로부터 와서 예수님께 병들어 죽어가는 아들을 살려 달라는 간청을 했습니다. 사실, 그 당시의 문화에서 아들은 가족에게 있어서 가장 귀한 존재였습니다. 그래서 그 당시 아버지들은 다른 사람에게 자기 자녀들의 숫자를 말할 때, '내 자식이 몇 명이다'는 식으로 아들과 딸의 숫자를 합해서는 절대로 말하지 않았습니다. 언제나 '아들 몇 명, 딸 몇 명이다'는 식으로 아들과 딸의 숫자를 분명하게 분리하여 말했습니다. 그만큼 아들은 가족에게, 특별히 아버지에게는 너무나도 귀하고 소중하고 자랑스럽고 사랑스러운 존재였습니다.

이렇게 소중하고 사랑스러운 아들이 병들어 죽게 되자 왕의 신하는 예수님께 달려와 살려달라고 간청했습니다. "내 아이"(little boy, 요4:49)라는 표현 속에는 자식을 향한 아버지의 깊은 사랑이 가득 담겨 있습니다. 이렇게 소중하고 사랑하는 아들이 병들어 죽게 되었을 때 아버지의 마음은 얼마나 괴롭고 아팠겠습니까? 병든 아들로 인해 마음이 찢어지도록 아픈 왕의 신하는 가버나움에서 20마일이나 떨어져 있는 갈릴리까지 한 달음에 달려와서 아들을 살려 달라고 간청했습니다. "간청하다"(begged, 요4:47)는 말은 헬라어로 미완료 동사형 입니다. 그러니까 지금 왕의 신하는 예수님께 계속해서 반복적으로 간청하고 있는 것입니다. 이렇게 병든 아들을 살리려고 하는 아버지의 간절한 마음을 '측은히' 여기신 예수님께서는 그의 아들을 살려 주셨습니다.

사실, 이 이야기 속에는 죽을 병으로 아들을 잃어 버릴 위기에 놓인 아버지의 슬프고 고통스럽고 안타까운 마음을 측은히 여기시고 긍휼히 여기시는 예수님의 깊은 사랑이 가득 담겨 있습니다. 예수님께서 왕의 신하의 아들을 살려 주신 것은 그가 예수님을 메시야로 믿었기 때문도 아니었고, 그의 태도가 겸손했기 때문도 아니었습니다. 가버나움에서 백부장의 종을 고치는 다른 기적의 이야기(눅7:1-10)에서 예수님은 이방인 백부장의 믿음을 칭송하면서 그의 종을 고쳐 주셨습니다(눅7:9). 그러나 헤롯 안티파스의 신하는 처음부터 예수님이 메시야라는 믿음을 가지고 있었던 것이 아니었습니다. 사실 그는 예수님을 단지 병 고치는 능력이 있는 사람 정도로만 생각했을 뿐이었습니다. 그래서 성경 원문대로 해석하면 왕의 신하는 예수님께 명령조로 이야기하고 있는 것을 알 수가 있습니다. 왕의 신하는 예수님께 "내려 가자(come down, 명령형), 내 아이가 죽어가도 있다"(요4:49)고 말했습니다. 지금 이 사람은 귀족의 권위를 가지고 한낱 병 고치는 자에 불과한 예수님께 명령조로 이야기하고 있는 것입니다. 그래서 예수님께서도 그가 말한 것과 똑 같은 형태의 명령조로 응답하시는 것을 볼 수가 있습니다. "가라(go, 명령형), 네 아들이 살았다"(요4:50).

나는 이렇게 건방진 귀족의 아들을 예수님께서 왜 살려 주셨을까 하는 의문을 가졌습니다. 그리고 이런 거만한 귀족의 아들을 살려주신 이유는 죽어가는 아들을 향한 아버지의 가슴 아픈 사랑을 예수님께서 긍휼이 여기시고 측은히 여기셨기 때문이라는 결론을 얻었습니다. 예수님께서는 병든 아들을 향한 아버지의 아프고 슬픈 마음을 측은히 여기셨습니다. 그래서 예수님께서는 그에게 믿음의 선택을 할 수 있는 기회를 주셨습니다. 즉 예수님은 왕의 신하가 명령조로 간청한대로 가버나움까지 가시지는 않으시고 단지 "네 아들이 이미 살았으니 내려가라"고 그에게 명령하셨습니다.

만약 이 상황에서 왕의 신하가 계속해서 자신의 지위와 권세를 믿고 예수님을 가버나움까지 억지로 데려 가려고 했다면 그의 아들은 살아 나지 못했을 것입니다. 그러나 그는 다행히도 믿음의 선택을 했습니다. "그 사람이 예수의 하신 말씀을 믿고 가더니"(요5:50). 그는 예수님의 말씀을 그대로 믿고 가버나움으로 내려갔습니다. 그리고 내려 가는 길에 자신의 종들을 만나 아들이 살아 났다는 이야기를 듣고 그 시간을 물었더니 예수님이 말씀하신 시간과 동일했습니다. 결국 예수님께서는 병들어 죽어가는 아들을 향한 아버지의 아프고 슬픈 마음을 측은히 여겨 왕의 신하에게 믿음의 선택을 할 수 있는 기회를 주어 그의 아들을 살려 주셨던 것입니다. 이런 예수님의 마음이 바로 우리를 향한 하나님 아버지의 사랑의 마음입니다. 그리고 이런 하나님 아버지의 사랑은 병든 아들을 바라보는 육신의 아버지의 사랑보다 더 깊고 완전합니다.

탕자 이야기에 보면 몸과 마음이 병들고 지쳐 아버지께로 다시 돌아오는 탕자를 바라보는 아버지의 측은한 마음이 표현되어 있습니다. "아버지가 그를 보고 측은히 여겨 달려가"(눅15:20). 여기서 '측은히' 여기는 마음은 마태복음 5장 7절에 나오는 "긍휼히"(헬, 엘레노스) 여기는 마음과 같은 것입니다. 긍휼히 여기는 마음은 동정하고, 불쌍히 생각하고, 사랑하는 마음입니다. 그리고 긍휼의 히브리어(라카엠)는 어머니의 자궁을 뜻하는 말입니다. 그러므로 결국 긍휼히 여기는 마음은 상처 받은 아이를 어머니가 자신의 품속에서 안아주고 달래주고 치유해주는 것과 같은 것입니다. 이런 긍휼의 마음이 또한 심신이 병들고 지쳐 돌아온 탕자를 바라보는 아버지의 마음입니다. 이렇게 측은히 여기고 긍휼히 여기는 하나님 아버지의 사랑의 마음으로 예수님은 왕의 신하의 병든 아들을 살려 주셨습니다. 그리고 예수님은 이런 사랑의 눈으로, 병든 아들을 바라보는 아버지의 따뜻한 시선으로 우리를 바라보시고 치유해 주십니다. 그러므로 하나님은 병들고 지친 우리를 긍휼히 여기시고 측은히 여기시며 치료해 주시는 우리의 아버지이십니다.

03

배고픔보다 더 힘든 영혼의 허기

"그가 돼지 먹는 쥐엄 열매로 배를 채우고자 하되 주는 자가 없는지라…
이에 일어나서 아버지께로 돌아가니라" _ 눅15:16, 20 상반절

어린 아들은 아빠가 부르며 방글거리면서 달려왔습니다. 하지만 어린 아들이 장난감으로 재미있게 놀고 있거나 신나는 비디오를 보고 있을 때는 아무리 오라고 해도 절대 오지 않았습니다. 특별히 엄마의 젖을 먹고 있을 때는 내가 자기 몸을 조금만 만져도 짜증을 내며 내 손을 뿌리쳤습니다. 배가 고파서 엄마의 젖을 먹고 있을 때는 아빠의 존재는 안중에도 없었습니다. 하지만 아들은 내가 무엇인가를 먹고 있을 때에는 어김없이 나에게로 다가왔습니다. 라면을 특별히 좋아하는 아들은 지금도 내가 라면을 먹으려고 물을 끓이기 시작하면 그 때부터 내 옆에 붙어서 온갖 애교를 떨기 시작합니다. 이렇게 아들은 평소에 자기가 좋아하는 일들을 하고 있을 때는 아빠를 별로 찾지 않다가도 배가 고프면 애타게 아빠를 찾습니다. 이것이 어린아이의 특성 중 하

나 입니다. 하지만 아빠는 배고플 때에만 자신을 애타고 찾으며 부르는 아들이 밉지 않습니다. 도리어 아들에게 가능하면 더 많이 맛있는 것을 먹이려고 애씁니다. 그래서 아버지는 평소에는 자기의 즐거움과 재미에 빠져 아버지를 외면하는 아들이 배가 고파서 아빠를 찾으면 언제나 따뜻하게 맞아 줍니다. 이것이 아버지의 모습이고 마음이고 사랑입니다.

누가복음 15장에 나오는 탕자의 비유에서 집 나간 작은 아들이 아버지에게 돌아 온 실제적인 이유는 배가 고팠기 때문이었습니다. 탕자는 너무나도 배가 고파서 돼지가 먹는 쥐엄열매라도 먹고 싶은데 그것마저 주는 사람이 아무도 없었습니다. 그래서 배고픔이 극심해져 더 이상 견딜 수가 없게 되자 탕자는 아버지를 생각하게 되었습니다. 그리고 먹을 것이 풍부한 아버지 집에 돌아가면 굶어 죽지는 않겠구나 하는 생각에 아버지에게로 다시 돌아가기로 결심했습니다. 그래서 어거스틴은 이렇게 말했습니다. "탕자는 조금 배고플 때는 쥐엄열매를 찾았다. 그러나 진짜 배고플 때는 아버지를 찾았다." 이런 인간의 특성 때문에 하나님 아버지께서는 하나님을 찾지도 않고 외면하면서 자기가 하고 싶은 대로 하고 가고 싶은 길로 가는 우리들에게 때때로 배고픔이라는 고난과 고통을 주십니다. 이렇게 하나님께서 때때로 우리에게 배고픔의 고난과 고통을 주는 이유는 그의 자녀들인 우리가 하나님 아버지를 더욱 열심히 찾으며 하나님 아버지께로 다시 돌아오기를 원하시기 때문입니다. 좀더 은유적으로 표현하면, 배고픔보다 더 힘든 영혼의 허기를 느끼고 하나님께로 돌아오기를 원하시기 때문입니다.

우리가 잘 알듯이, 미국 인디언들인 아파치족이나 모히칸족들은 굉장히 용맹스럽고 뛰어난 전사들이었습니다. 역사에 길이 남을 위대한 투사들이었습니다. 그런데 이렇게 용맹스럽고 뛰어난 투사들이 무능하고 연약한 사람들로 변질되어 버린 이유는 배고픔이 없는 편안하고 안락한 생활 때문이었습니다. 용맹하고 뛰어난 전사들이었던 그들이 야성과 용맹함을 잃어 버린 것은 인디언 보호구역에 갇혀 정부로부터 생활 보조금을 받으면서 일하지 않고 편안하게 생활하기 시작한 후부터였습니다. 백인들이 던져 주는 돈으로 일하지 않고 술만 마시며 살다 보니까 무능하고 연약하고 쓸모없는 사람들로 전락해버린 것입니다.

이 곳 캐나다에 사는 인디언들의 사정도 미국의 상황과 동일합니다. 다운타운을 다니다 보면 술과 마약에 중독된 원주민들이 길거리에 비참하게 누워있는 모습을 자주 보게 됩니다. 그들은 모든 경제권을 백인들에게 다 빼앗기고 매달 지불되는 정부 보조금을 받으며 인디언 보호구역에서 초라한 주변인들로 살았습니다. 이렇게 일하지 않고 편안하게 정부 보조금으로 적당히 즐기면서 살다 보니 미래도 꿈도 없이 하루하루의 원초적인 욕망만 채우며 비참하게 살아가는 노예 민족이 되어 버렸던 것입니다. 사실, 백인 정부가 원주민들에게 돈을 주면서 보호구역에서 편하게 살도록 만든 것은 백인들이 고안한 고도의 식민 정책이었습니다. 그리고 백인들의 이런 간교한 식민 정책으로 인해 북미의 수많은 원주민들이 초라하고 무능한 폐인이 되어 버렸습니다.

때로는 풍요함과 안락함이 사람을 완전히 망쳐 버릴 수가 있습니다. 그래서 하나님 아버지께서는 그의 자녀들을 때로는 배고픔 속에 그냥 내버려 두십니다. 배고픔의 고난과 고통 속에서 하나님 아버지를 기억하고 그에게로 돌아 오도록 하기 위해서 입니다. 이런 의미에서 때때로 우리 그리스도인들에게 찾아오는 고난과 고통은 우리의 신앙에 큰 유익이 되고 또한 우리의 신앙을 성숙하게 만드는 도구가 됩니다. 그리고 이런 고난과 고통이 우리로 하여금 다시 하나님 아버지를 간절하게 찾게 만듭니다. 즉 영혼의 허기를 느끼게 만듭니다. 요한복음 4장 43절 이하에 나오는 왕의 신하도 죽어가는 아들로 인해 겪는 고통과 슬픔으로 인해 예수님을 찾아 오게 되었습니다. 만약 왕의 신하인 그에게 그런 고난과 고통이 없었다면 지체 높은 신분의 그가 먼 곳에서부터 예수님을 찾아 오는 일은 결코 일어나지 않았을 것입니다. 그러나 죽어가는 아들로 인한 고난과 고통이 결국 왕의 신하를 예수님 앞으로 나오게 했습니다. 그리고 예수님과의 만남을 통해 아들이 살아 났을 뿐만 아니라 그의 온 집이 예수님을 믿는 구원의 축복을 받게 되었습니다(요4:53). 이런 의미에서 왕의 신하가 병들어 죽어가는 아들의 불행으로 인해 겪은 고통과 고난이 그에게는 예수님을 만나게 하는 축복의 도구였던 것입니다.

106

'평탄은 마귀의 옥토요, 고난은 하나님의 옥토다'라고 했습니다. 너무 부요하고 안락하면 타락하고 넘어지는 것이 인간의 본성입니다. 그래서 때로는 하나님께서 더 좋은 믿음의 열매를 맺게 하기 위해서 우리에게 고난과 고통이라는 옥토를 주십니다. 그러므로 우리가 살아가면서 겪게 되는 고난과 고통이 무조건 쓸모없고 무익한 것이 아니라는 것을 알아야 합니다. 고난과 고통이 도리어 우리를 겸손하게 하고 우리의 믿음을 성숙하게 성장시킵니다. 시편에 나오는 다윗의 주옥같은 시들 가운데 편안한 왕궁에서 지은 시들은 거의 없습니다. 대부분의 시들이 고독한 광야에서 배고픔과 어려움을 겪을 때 지은 것들입니다. 고난과 고통의 눈물 속에서 지은 시들입니다. 그런데 이렇게 광야에서 고난과 어려움을 당할 때 지은 시 속에 하나님을 향한 감사의 노래와 구원에 대한 기쁨의 감격이 들어 있습니다. 이것은 다윗이 비록 광야에서 배고프고 힘들었지만 영혼은 하나님의 진리로 충만했다는 것을 말해 줍니다.

하나님의 사람들은 고통과 고난을 통해서 깨끗하고 정결하게 된 후에 크게 쓰임 받는 그릇으로 빚어지게 됩니다. 성경은 "은에서 찌꺼기를 제하라 그리하면 장색의 쓸 만한 그릇이 나올 것이요"(잠언25:4)라고 말씀합니다. 그런데 은에서 찌꺼기를 제하는 길은 찌꺼기가 있는 은그릇을 풀무에 집어 넣는 것입니다. 풀무는 고난을 상징합니다. 결국 고난의 풀무에서 찌꺼기가 있는 은그릇이 깨끗하고 정결하게 되는 것입니다. 그리고 정결하고 깨끗하게 된 그릇을 하나님께서 사용하십니다. 이렇게 고난과 고통의 풀무를 통해서 깨끗하고 정결한 그릇으로 빚어져 크게 쓰임 받았던 대표적인 인물은 욥입니다.

욥은 이 세상에서 부족함이 없는 사람이었습니다. 그는 경제적으로 부유했으며 동방의 의인이라고 할만큼 윤리적으로 도덕적으로도 의로운 사람이었습니다. 그리고 자녀의 축복도 크게 받은 사람이었습니다. 하지만 하나님께서 욥을 더 큰 그릇으로 사용하기로 작정하실 때 그에게 고통과 고난이 임했습니다. 그러나 고난과 고통을 통한 하나님의 은혜를 깨달은 욥은 실족하지 않고 도리어 "나의 가는 길을 오직 그가 아시나니 그가 나를 단련하신 후에는 내가 정금같이 나오리라"(욥23:10, 개역한글)고 고백했습니다. 하나님은 욥이 더러운 찌꺼기가 완전히 다 제하여져서 정금같은 모습으로 나올 때까지 고난과 고통의 풀무 속에서 그를 연단하셨습니다. 그래서 우리는 욥기를 읽으면서 하나님께서 섭리하시는 깊은 인생의 의미를 깨닫게 됩니다. 그리고 욥의 인생을 통해서 심오한 하나님의 지식과 지혜와 진리를 배울 수가 있습니다. 왜냐하면 욥기는 고통과 고난의 풀무를 뚫고 정금같이 일어난 믿음의 거인에 관한 글이기 때문입니다.

'조니 에릭슨 타다'는 17살 때 해변가에서 다이빙을 하다가 모래 바닥에 머리가 처박혀 목을 제외한 전신이 마비되는 장애자가 되었습니다. 앞날이 창창한 17살의 소녀가 감당하기에는 너무나도 잔인한 비극이요 참혹한 고통이었습니다. 그래서 그녀는 병실의 침대에 누워 하나님을 원망하고 저주했습니다. 그러던 중 시편 46편 10절의 말씀을 통해 하나님의 주권을 인정하게 되었습니다. "너는 가만히 있어 내가 하나님 됨을 알찌어다." 그녀는 이 말씀을 통해 17살의 소녀가 감당하기에는 너무나도 참혹한 비극과 견딜 수 없는 고통 속에도 하나님의 뜻이 담겨 있다는 것을 발견했습니다. 우리 인간이 하나님의 오묘한 뜻을 다 이해할 수는 없지만 사지를 움직일 수 없는 전신 불구자가 되는 비극적인 사건 속에서도 하나님의 섭리가 있다는 것을 깨달았습니다. 사지를 움직일 수 없는 휠체어에 가만히 앉아 있음에도 불구하고 하나님의 하나님 되심을 인정하라는 하나님의 음성을 들으면서 고난과 고통조차 좌우하시는 하나님의 주권을 인정하게 되었습니다. 그 후 그녀는 참혹한 비극과 고통 가운데서도 역사하시는 하나님의 섭리와 뜻을 바라보며 믿음의 길로 달려갔습니다. 그러할 때 하나님께서는 움직일 수 있는 것이라고는 목밖에 없는 그녀를 하나님의 영광을 위해 귀하게 사용하셨습니다. 결국 그녀는 전신 마비의 불구를 딛고 입에 붓을 물고 그림을 그려 전 세계적으로 알려진 유명한 화가가 되었습니다. 그리고 '조니와 친구들'이라는 선교기관을 설립하여 그 기관의 회장으로서 전 세계 장애자들과 그 가족들을 격려하며 복음을 전하면서 지금도 하나님께 영광 돌리고 있습니다. 한국에서는 그녀의 이야기가 〈불구를 딛고 선 조니〉라는 책으로 출판이 되었습니다.

〈지선아 사랑해〉라는 책으로 잘 알려진 '이지선' 자매는 교회 찬양 팀에서 찬양 부르기를 좋아했고, 명문 대학도 다녔고 얼굴도 예뻤던, 그리고 꿈도 많았던 아름답고 착한 그리스도인이었습니다. 이런 그녀가 생각지도 않았던 불의의 교통 사고를 당해 온 몸에 3도의 중화상을 입었습니다. 그 후 계속되는 수술로 인해 턱이 없어졌으며 화상으로 인해 등도 굽어져 척추엔 압박 골절이 생겼고 얼굴은 흉측하게 변했습니다. 고개를 들고 앞을 쳐다보는 것 조차 불가능한 처참한 상태가 되었습니다. 그래서 그녀의 모습을 본 사람들은 "저렇게 하고 어떻게 살아?"라며 안타까워했습니다. 사고가 난 후 중환자실에서 의식을 회복하면서 자신의 비참한 처지를 알게 된 지선양은 산소 호흡기로 목을 눌러 자살을 시도하기도 했습니다. 때로는 옆에 있는 오빠를 향해 "오빠 나 어떻게 살아, 나 죽여줘"라고 소리쳤습니다. 그리고 하나님께 "너무 오래 살게 하지는 마세요"라며 애절하게 기도했습니다.

그러나 그녀에게는 하나님의 선하심을 바라보는 믿음이 있었습니다. 그토록 참혹한 고통의 절망 속에서도 그녀는 믿음으로 죽음에서 부활하신 주님을 바라보았습니다. 그리고 이 믿음이 그녀로 하여금 비극을 넘어서 믿는 자들에게 용기와 격려를 주고, 불신자들에게는 구원의 복음을 선포하는 '희망의 선교사'로 거듭나게 했습니다. 그녀는 자신의 책 프롤로그에서 이렇게 고백합니다. "모든 걸 잃은 것 같지만, 아무 것도 할 수 없게 돼버렸지만...가고 싶은 교회도 성가대도 학교도 맘대로 갈 수 없지만...그렇게 모든 걸 잃은 것 같지만...약함 가운데, 상처투성이 몸 가운데, 짧아진 손가락에도 하나님은 생명을 주시고, 소망을 주시고, 날마다 하나님을 향해 손 들고 찬양하고 싶은 마음을 주십니다...오 하나님 감사합니다. 살아 있어서 흰 눈도 보게 하시고 추운 겨울을 다시 맞게 하시니! 지선이는 축복받은 사람입니다."

그녀는 또 이렇게 고백합니다. "저는 처음에 오빠가 저를 구해낸 것이 실수처럼 생각했습니다. 그러나 이 모든 일이 실수가 아니었음을 우리 하나님이 계속 보여 주실 것입니다. 이미 제 안에서 시작하신 일을 끝까지 이루실 것을 믿습니다. 이전의 저였다면 믿지 못할, 다 이해하지 못할 평안을 맛보게 하시는 분, 이 모습이라도 행복을 느끼게 하시는 분, 이전보다 더 크고 풍성한 것을 알게 하시고 느끼게 하시는 그 하나님을 신뢰하며 소망합니다." 이지선 양의 고백처럼 하나님은 우리의 비극과 고통 조차도 하나님의 뜻 가운데 선한 열매를 맺기 위한 도구로 사용하십니다(롬8:28).

산모가 아이를 낳을 때는 견딜 수 없는 고통이 수반되지만 아이를 낳은 후에는 죽을 것만 같던 고통을 잊어버리고도 남는 기쁨이 찾아온다(요16:21)고 말씀했습니다. 이 말을 다르게 표현하면, 기쁨은 고통의 긴 터널을 통과한 후에 찾아온다는 것입니다. 십자가의 고난과 고통의 길을 통과한 후에 부활의 영광이 임하듯이 새로 태어나는 모든 피조물은 고통을 통과해야만 합니다. 알 껍질을 깨트리는 고통, 새순을 내기 위해 껍질을 뚫는 고통, 산고를 치르는 고통이 없이는 새 생명이 태어날 수가 없습니다. 이것이 자연의 이치이며 또한 하나님의 원리입니다. 그러므로 살아가면서 겪는 모든 고통과 고난에도 하나님의 깊은 뜻과 섭리가 숨겨져 있다는 것을 믿고 실족하지 않고 사랑의 주님을 바라보며 끝까지 달려갈 때 결국에는 승리의 축복이 임할 것입니다.

04
한 마디 말을 하기 위해 천 번을 들어야

"예수는 지혜와 키가 자라가며 하나님과 사람에게
더욱 사랑스러워 가시더라" _ 눅2:52

어느 날 아내와 내가 침대 위에 반듯이 누워 있는 아기를 잠시 혼자 내버려 둔 채 거실에서 허드레 일을 하다가 다시 돌아 오니 아기가 엎드린 채로 머리를 들어 올리려고 바둥거리고 있었습니다. 그 때는 아기가 아직 고개를 제대로 가누지 못하던 때라 그 상태로 오래 방치해 두면 침대 이불에 얼굴이 파묻혀 질식사 할 수도 있는 그런 위험한 상황이었습니다. 침대 이불에 얼굴이 거의 파묻힌 채로 고개를 들려고 바둥거리는 아기를 보고 깜짝 놀란 우리는 부리나케 달려가 엎드려 있는 아들을 똑바로 눕혔습니다. 그리고 서로의 눈을 쳐다보면서 놀란 가슴을 쓰다듬으며 안도의 한숨을 쉬었습니다. 이렇게 서로의 눈을 쳐다보며 십년감수 했다는 안도의 한숨을 쉬던 우리 부부는 갑자기 동시에 두 눈을 크게 뜨고 소리 질렀습니다. "그런데 지금 아기가 혼자서 자기 몸을 뒤집은 거지!" 아들이 태어난 후 처음으로 몸을 뒤집은 그 날 우리 부부는 이렇게 소리 지르며 기뻐했습니다.

아기가 무럭무럭 자라는 모습을 지켜보는 것이 부모에게 그렇게 큰 기쁨을 준다는 사실을 그 전에는 정말 알지 못했습니다. 그러나 갓난 아기였던 아들이 자기 스스로의 힘으로 처음 몸을 뒤집은 그 날 이후 나는 계속해서 아들이 성장하는 것을 지켜보는 큰 기쁨을 누릴 수가 있었습니다. 지금도 아들이 처음으로 두 발로 기어서 나에게 다가오던 날과 처음으로 두 발로 일어서던 날과 처음으로 뒤뚱거리며 걷던 날의 기쁨과 감격을 잊을 수가 없습니다. 차 안에서 매일 듣던 어린이 동요의 음률을 아들이 처음으로 따라하던 그 날, 나는 아들이 음악의 천재인 줄 알았습니다. 한 마디 말을 하기 위해서 천 번 이상을 들어야 한다는데, 아들이 엉성한 발음으로 처음으로 '아빠'라고 부르던 그 날의 기쁨과 흥분을 잊을 수가 없습니다. 또한 파편적인 단어들로 이루어진 하나의 문장을 말로 표현하기 시작하던 아들과 하루 종일 똑 같은 내용의 지극히 단순한 대화를 나누던 날의 즐거움과 행복이 아직도 지워지지 않는 추억으로 남아 있습니다. 이렇게 아들의 성장을 바라보는 아버지의 마음에는 말할 수 없는 기쁨과 감격과 행복이 가득했습니다. 그리고 이렇게 아버지로서 아들의 성장을 바라보는 기쁨과 행복을 경험하면서 우리의 영적 성장을 바라 보시며 기뻐하시고 행복해 하시는 하나님 아버지의 마음을 새쌈 느끼게 되었습니다.

하나님 아버지께서는 그의 자녀들이 영적으로 성장하기를 원하십니다. 그래서 성경은 "오직 우리 주 곧 예수 그리스도의 은혜와 그를 아는 지식에서 자라가라"(벧전3:18)고 말씀합니다. 또한 신령한 젖을 사모하여 구원에 이르도록 자라나라고 말씀합니다(벧전2:2). 그리고 우리가 영적으로 어린아이가 되지 말고 장성한 분량의 신앙인으로 자랄 것을 권면합니다(벧전4:13-14). 이렇게 하나님께서는 그의 자녀들이 영적으로 자라서 장성한 분량의 그리스도인이 되기를 원하십니다. 왜냐하면 하나님의 자녀들이 영적으로 성숙하게 자라는 것을 바라보는 것이 하나님 아버지의 기쁨이요 행복이기 때문입니다.

태어난 지 오랜 세월이 지났음에도 불구하고 제대로 걷지 못하고 말하지도 못하는 자녀를 바라보는 아버지의 마음은 형언할 수 없을 정도로 슬프고 비참할 것입니다. 아들은 거의 3살이 다 되었을 때에도 똥오줌을 제대로 가리지 못해서 기저귀를 차고 다녔습니다. 한국에서는 한 살만 지나면 웬만한 아이들은 기저귀를 차지 않는다고 하는데, 여기에서는 너무 자율적으로 키워서 그런지 일반적으로 거의 모든 아이들이 두 살 이상이 될 때까지 기저귀를 차고 다닙니다. 그런데 아들은 거의 3살이 될 때까지 기저귀를 차고 다녔습니다. 그래서 간혹 아들이 다른 아이들보다 성장이 느린 것이 아닌가 하는 두려움이 생길 때가 있었습니다. 그럴 때는 괜히 마음이 상하고 심란해졌습니다. 강제적으로 윽박지르지 말고 인내심을 가지고 말로 잘 타이르면서 교육하면 자연스럽게 기저귀와 젖을 뗀다고 주변 사람들이 위로를 했지만, 그래도 다른 아이들보다 늦게 기저귀와 젖을 떼는 아들을 바라보는 아버지의 마음은 왠지 편하지가 않았습니다. 게다가 한국에 있는 아이들은 두 살이 되기 전에 젖을 다 뗀다고 하는데 4살이 될 때까지도 아들은 엄마 젖을 물어야만 잠을 잤습니다. 뿐만 아니라 잠에서 깰 때에도 엄마 젖을 꼭 물어야만 했습니다. 일어날 때 옆에 엄마가 없어서 젖을 물지 못하면 한바탕 난리가 났습니다. 그래서 간혹 나는 아들이 정상적으로 바르게 성장하고 있는지, 우리가 아들을 잘못 키우고 있지는 않은지 하는 괜한 근심과 걱정이 생길 때가 있었습니다.

기저귀와 젖을 좀 늦게 떼는 아들을 바라보는 아버지의 마음이 이렇게 착잡할진대, 정상적으로 제대로 성장하지 않는 자녀를 바라보는 아버지의 마음은 어떻겠습니까? 정상적이고 온전하게 자라지 않는 자녀를 바라보는 아버지의 마음에는 이루 말할 수 없는 아픔과 절망이 자리하고 있을 것입니다. 이와 마찬가지로 하나님의 자녀들인 우리가 영적으로 제대로 자라지 않고 온전히 성장하지 못할 때, 하나님 아버지의 마음은 심란하고 괴로울 것입니다. 정상적으로 성장하지 못한 채 언제나 영적인 어린아이로 멈추어 있는 우리를 바라보시는 하나님 아버지의 마음은 실망스럽고 고통스러울 것입니다.

사도 바울은 자신의 자식과도 같은 고린도교회 성도들이 신앙적으로 온전하게 성장하지 못하고 미성숙한 어린아이의 모습으로 머물러 있는 것을 안타까운 마음으로 바라보면서 고린도교회의 성도들이 장성한 분량의 신앙인으로 자라기를 갈망하며 고린도교회에 두 번에 걸쳐 편지를 보내었습니다. 이런 사도 바울의 안타까운 마음이 바로 육체적으로 정신적으로 성장하지 않는 자녀를 바라보는 육신의 아버지의 마음이며 또한 영적으로 성장하지 않는 자녀를 바라보는 하나님 아버지의 마음입니다.

어린아이 같은 신앙과 장성한 분량의 신앙의 차이는 신분이나 계급의 차이가 아니라 성숙도의 차이입니다. 그러므로 빨리 성장하는 것도 중요하지만 바르게 성장하는 것은 더욱 중요합니다. 다시 말해, 빨리 성장하는 것보다 올바르게 성장하는 것이 더 중요하다는 것입니다. 나는 아들이 지금까지 특별한 문제없이 잘 성장하고 있는 것이 너무나도 감사하고 기쁩니다. 비록 3살이 거의 다 될 때까지 기저귀를 찼지만, 그 후에 아무런 문제없이 용변을 가리는 아들이 기특했습니다. 비록 4살까지도 엄마의 젖을 물고서 자려고 하는 아들이었지만, 그리고 일부러 젖을 먹이지 않으려고 아들의 손길을 뿌리치는 엄마를 붙잡고 떼를 쓰는 아들이었지만 어느덧 자라 벌써 초등학교에 다니고 있는 아들이 사랑스럽습니다. 건강하게 무럭무럭 잘 자라는 아들을 바라보는 아버지의 마음은 기쁨과 행복으로 벅차 오릅니다. 그러면서도 다른 한편으로는 아들이 다른 사람들과 하나님께도 사랑 받을 수 있도록 육체적으로 인격적으로 영적으로 바르고 성숙하게 잘 자라기를 간절히 바라며 늘 기도합니다.

사실, 자기 자식이 예뻐 보이지 않는 부모는 아무도 없을 것입니다. 또한 부모에게 사랑스럽지 않은 자식도 없을 것입니다. 모든 부모들에게는 자기 자식이 너무나도 예쁘고 사랑스럽습니다. 고슴도치에게도 자기 새끼가 가장 예쁘고 사랑스러운 법입니다. 그래서 나는 가끔 팔불출처럼 다른 사람들에게 내 아들이 너무 귀엽고 잘 생기지 않았느냐고 물어 보곤 합니다. 다른 사람들의 눈에도 내 아들이 예쁘고 사랑스러운지 확인해 보고 싶은 아버지의 바보 같은 마음 때문입니다. 그런데 나의 이런 질문에 사람들이 시큰둥하게 반응하면 괜히 내 마음이 우울해 지고 기분이 나빠집니다.

예수님께서는 그 지혜와 그 키가 자라갈수록 하나님과 사람에게 더욱 사랑스러워져 갔습니다(눅2:52). 이렇게 예수님은 육체적(키)으로 정서적(지혜)으로 사회적(사람에게 사랑 받음)으로 영적(하나님에게 사랑 받음)으로 균형있고 올바르게 성장했습니다. 나도 아들이 예수님처럼 키가 자라고 지혜가 자랄수록 하나님과 사람들에게 더욱 사랑스러운 인물이 되기를 바랍니다. 아들이 육체적으로 정서적으로 영적으로 사회적으로 균형있고 성숙하고 바르게 잘 자라서 하나님과 사람들에게 사랑 받는 인물이 되었으면 하는 간절한 바램이 있습니다.

이제 8살 밖에 안된 아들이기에 모든 것이 여전히 미성숙하지만 조금씩 성장하는 아들을 바라보는 아버지의 마음은 참 기쁘고 행복합니다. 아직은 미완성인 아들의 성장을 바라보면서도 아버지의 마음이 이렇게 기쁘고 행복한데 나중에 아들의 균형있고 성숙한 성장을 보게 되면 얼마나 더 기쁘고 행복할까요? 아마도 하늘을 날아갈 듯이 기쁘고 행복해서 구름 위에 붕 떠있는 황홀한 기분일 것입니다. 그리고 이런 아버지의 기쁨이 우리 그리스도인들이 신앙적으로 바르고 성숙하게 잘 자라는 것을 바라보시는 하나님 아버지가 누리는 기쁨의 그림자일 것이라는 생각을 해봅니다.

우리는 진리의 빛을 받아 영적으로 바르고 성숙하게 성장해야 합니다. 빛의 중요한 속성 중 하나는 생명을 주는 것입니다. 그런데 빛은 생명을 줄뿐만 아니라 자라게도 합니다. 빛이 비췰 때 땅에 심긴 생명의 씨앗들이 자라고 성장하여 열매를 맺습니다. 이처럼 우리의 영혼에 진리의 빛이 계속해서 비췰 때 우리는 영적으로 성숙하고 온전한 그리스도인이 될 수가 있습니다. 그러므로 우리는 진리의 빛 안에서 성숙하고 온전한 그리스도인으로 계속해서 자라가야만 합니다. 왜냐하면 그리스도인의 성숙하고 온전한 성장이 하나님 아버지의 기쁨이요 행복이기 때문입니다.

05
넉넉히 이김

"항상 우리를 그리스도 안에서 이기게 하시[는]…하나님께 감사하노라"

_ 고후2:14

우리 교회에 세 자녀를 둔 젊은 집사 가정이 있었습니다. 그 집의 둘째 아들이 아들보다 10개월 정도가 어렸습니다. 그래서 교회를 개척하고 얼마 안되어 그 가정이 목회를 돕기 위해 우리 교회에 왔을 때부터 아들이 그 집사님댁 둘째 아들보다 키도 더 크고 말도 더 잘했습니다. 그런데 아들보다 키도 작고 덩치도 작고 말도 더 어눌한 그 집 둘째 아들이 싸움은 더 잘했습니다. 나이도 더 많고 키도 더 큰 아들은 자기보다 10개월이나 더 어린 그 집 둘째 아들이 손으로 밀치거나 때리면 꼼짝도 못했습니다. 그런데 자기보다 키도 작고 더 어린 아이에게 싸움에서 늘 밀리는 아들을 바라보는 아버지의 마음은 이상하게 참 속상하고 힘들었습니다. 그렇다고 그런 일로 목사가 집사에게 화를 내거나 항의할 수는 없는 노릇이었습니다. 그래서 자기보다 10개월이나 어린 아이와의 싸움에서 늘 당하는 아들을 바라보면서 속으로만 끙끙거릴 수밖에 없었습니다. 이렇게 속으로 앓으면서 아들은 마음이 순해서 다른 아이와 경쟁할 줄도 모르고 싸울 줄도 모르기 때문에 늘 지는 것이라고 스스로 마음을 위로하기도 했습니다.

사실 아들은 태어나서 지금까지 집에서 엄마가 직접 돌보며 키웠습니다. 4살이 되어 공립 유치원에 들어갈 때까지 어린이 집이나 어린이 학교 같은 데를 가 본적이 없었습니다. 그리고 우리 교회는 그 당시 개척한 지 얼마되지 않아 영아부 유치부 연령의 어린 아이들이 그 젊은 집사님댁 아이들과 우리 집 아들 뿐이었습니다. 그래서 아들은 많은 아이들과 함께 뛰어 놀면서 서로 다투고 경쟁하는 법을 전혀 배우지 못했습니다. 사실 이 말은 다른 아이들과 더불어 노는 법을 배우지 못했다는 의미도 됩니다. 실제로 아들은 집에서 엄마 아빠하고만 늘 지냈기 때문에 다른 아이들과 더불어 노는 법을 잘 모르는 것 같았습니다. 그래서 가끔 다른 아이들과 노는 것을 보면 굉장히 자기 중심적이고 때로는 해서는 안될 이기적인 행동을 해서 속으로 걱정이 될 때가 많았습니다.

하지만 젊은 집사 부부는 맞벌이를 하였기 때문에 그 집의 둘째 아들은 6개월이 되었을 때부터 어린이 집에 맡겨졌습니다. 그래서 아마도 그 아이는 하나의 장난감을 가지고 다른 아이들과 경쟁하고 싸우는 법을 익히 배웠을 것입니다. 그러나 아들은 장난감 하나를 가지고 경쟁하고 자리를 먼저 차지하려고 싸우는 경험을 전혀 해 보지 않았기 때문에 10개월이나 더 어리고 키도 작은 집사님댁 아이가 아들이 가지고 놀고 있는 장난감을 빼앗거나 앉은 자리에서 밀치면 바보처럼 그대로 당하기만 했습니다. 이렇게 늘 당하고 싸움에서 지기만 하는 아들을 바라보는 아버지의 마음은 속상함 그 자체였습니다. 그러나 아들은 마음이 여리고 착해서 그렇고 집사님댁 아이는 마음이 난폭하고 공격적이라서 그런거라고 나름대로 자의적인 해석을 하며 마음을 스스로 위로했습니다.

그런데 아들이 그 집 아이들과 어울려 놀면서 조금씩 변화기 시작했습니다. 하나의 장난감을 가지고 다투기도 하고 자리를 놓고 싸우기도 했습니다. 그러면서 상황이 점점 역전이 되어 키도 더 크고 나이도 10개월이나 더 빠른 아들이 집사님 댁의 둘째 아들과의 경쟁과 싸움에서 이기기 시작했습니다. 그래서 아들 때문에 집사님댁 둘째 아이가 우는 경우가 점점 많아지게 되었습니다. 한 번은 주일 예배를 마치고 식사를 하고 있는데 식당 끝에 있는 식탁 아래에서 집사님 댁 둘째 아들이 크게 우는 소리가 들렸습니다. 둘째 아들의 우는 소리를 들은 남자 집사님은 놀라서 우는 소리가 들리는 곳으로 달려갔습니다. 나도 혹시 아들이 그 아이를 괴롭혀서 그럴지도 모른다는 불길한 생각이 들어 재빨리 그 곳으로 달려갔습니다. 그런데 정말로 아들이 식당 바닥에 누워 있는 집사님 댁 둘째 아들의 등을 발로 짓누르고 있었습니다. 그 장면을 보고 화가 난 남자 집사님은 자기 아들의 등을 발로 누르고 있는 아들을 떼어 내면서 "이런 식으로 놀면 다시는 우리 아들하고 못 놀게 할 거야"라고 아들에게 다소 화가 난 듯이 말했습니다. 어린 아이에게 화를 내듯이 말하는 남자 집사님의 행동에 약간 당황하기는 했지만 아들이 명백히 잘못한 것이기 때문에 아들을 안고 야단을 쳤습니다. 그런데 좀 유치할 수도 있지만 그 순간의 감정을 솔직히 말하면, 그 집사님께는 죄송하지만 이상하게 속으로는 기분이 좋았습니다. 늘 집사님 댁 둘째 아들에게 지기만 하던 아들이 이제는 그 아이를 누르고 승리한다는 사실이 기뻤습니다. 그러면서 이것이 아버지의 마음이구나 하는 생각을 했습니다.

자신의 아들이 다른 아이들에게 늘 밀리고 패배하는 것을 좋아하거나 바라는 아버지는 이 세상에 아무도 없을 것입니다. 그래서 그 남자 집사님도 다른 아이에게 발로 밟힌 아들을 보면서 화가 났을 지도 모르겠습니다. 사실 이 세상의 모든 아버지는 자신의 아들이 승리하기를 원할 것입니다. 아들이 인생의 경주에서 이기고 세상에서 승리하기를 원하는 것은 모든 아버지의 당연한 마음일 것입니다. 이처럼 하나님 아버지께서도 그분의 자녀들인 우리가 승리자가 되기를 원하십니다. "무릇 하나님께로부터 난 자마다 세상을 이기느니라"(요일5:4)고 말씀합니다. 즉, 하나님으로부터 난 하나님의 자녀들은 모두 세상에서 이기고 승리할 것이라는 말씀입니다.

하나님께서는 처음부터 우리가 승리의 삶을 살도록 만드셨습니다. 하나님의 형상대로 사람을 창조하신 후에 그들에게 복을 주시며 "생육하고 번성하여 땅에 충만하라, 땅을 정복하라, 바다의 물고기와 하늘의 새와 땅에 움직이는 모든 생물을 다스리라"(창1:28)고 말씀하셨습니다. 이처럼 하나님은 우리를 창조하셨을 때부터 우리가 다스리는 삶, 정복하는 삶, 다시 말해, 승리의 삶을 살기를 원하셨습니다.

하나님은 또한 "내가 네게 큰 복을 주고 네 씨로 크게 번성하여 하늘의 별과 같고 바닷가의 모래와 같게 하리니 네 씨가 그 대적의 성문을 차지하리라"(창22:17-18)고 말씀하셨습니다. 이 약속의 말씀은 아브라함과 그의 후손에 대한 말씀입니다. 우리는 그리스도 안에서 아브라함의 영적인 후손입니다. 결국 하나님은 이 말씀을 통해 우리가 그리스도 안에서 승리하는 삶을 살게 될 것을 약속하십니다. 따라서 우리는 예수 그리스도로 말미암아 결국에는 세상에서 승리할 수 밖에 없는 사람들입니다.

예수님은 군병들에게 체포당하시기 전에 제자들에게 이렇게 말씀하셨습니다. "이것을 너희에게 이르는 것은 너희로 내 안에서 평안을 누리게 하려 함이라 세상에서는 너희가 환난을 당하나 담대하라 내가 세상을 이기었노라"(요16:33). 예수님은 세상이 우리에게 환난과 고통을 줄지라도 "담대하라"고 말씀하십니다. 그런데 우리가 환난과 고통의 상황 속에서도 담대할 수 있는 이유가 무엇입니까? "내가 세상을 이기었노라"는 말씀처럼 예수님께서 세상을 이기고 승리하셨기 때문입니다.

예수님께서 이 말씀을 하실 때는 십자가의 죽음 직전이고 부활하기 전입니다. 그러므로 올바른 시제를 따라 말한다면 "내가 세상을 이길 것이노라"고 표현해야 합니다. 그런데 예수님은 과거형을 사용하여 "내가 세상을 이기었노라"고 표현하고 있습니다. 이것은 십자가의 죽음을 앞에 두고도 최후 승리에 대해 분명히 확신하는 예수님의 믿음을 보여 주고 있습니다. 그래서 하나님께서 아들이신 예수님께 반드시 승리를 주실 것이라는 확신을 가지고 말씀하고 있는 것입니다.

우리가 어떤 사람에게 "너 이제 죽었다"라고 말하는 것은 분명히 응징하고 복수하리라는 강한 의지가 담겨 있는 수사법입니다. 그러므로 예수님께서 "내가 세상을 이기었노라"고 말씀하시는 것은 예수님의 승리가 너무나도 확실하기에 과거, 현재, 미래, 모든 시제를 통틀어서 이겼다는 승리의 선언인 것입니다. 그래서 어떤 학자는 이 구절을 "영적 정복자의 승리의 선언문"이라고 표현하기도 했습니다.

"내가 세상을 이기었노라"는 예수님의 말씀은 우리 성도들이 서게 될 마지막 자리가 승리의 자리라는 것을 확실히 보여 줍니다. 우리 성도들이 천성을 향해 나아가는 과정 속에서 때때로 환난과 고통을 만나게 되지만 그럼에도 불구하고 결국 성도들이 마지막으로 얻게 될 열매는 승리의 열매라는 것입니다. 그러므로 우리가 반드시 승리할 것과 결국은 하나님의 영광의 면류관을 받게 될 것을 확신한다면 우리는 어떤 환난과 고통 속에서도 평안과 기쁨을 누릴 수가 있습니다.

"우리 주 예수 그리스도로 말미암아 우리에게 이김을 주시는 하나님께 감사하노니, 그러므로 내 사랑하는 형제들아 견실하며 흔들리지 말고 항상 주의 일에 더욱 힘쓰는 자들이 되라 이는 너희 수고가 주 안에서 헛되지 않을 줄을 앎이라"(고전15:57). 이 구절을 통해 하나님은 우리가 그 어떤 환경도 뛰어 넘어 넉넉히 승리할 수 있다는 것을 말씀해 주고 있습니다. 하나님께서 우리에게 결국에는 넉넉한 이김을 주시고 승리를 주실 것이기 때문에 견고하여 흔들리지 말라고 권면하고 있는 것입니다.

때때로 우리가 넘어지기도 하지만 하나님은 믿음의 사람들이 다시 일어나 승리하기를 원하십니다. 그래서 "대저 의인은 일곱번 넘어질지라도 다시 일어나려니와 악인은 재앙으로 말미암아 엎드러지느니라"(잠24:16)고 말씀합니다. 또한 "그러나 이 모든 일에 우리를 사랑하시는 이로 말미암아 우리가 넉넉히 이기느니라. 내가 확신하노니 사망이나 생명이나 천사들이나 권세자들이나 현재 일이나 장래 일이나 능력이나 높음이나 깊음이나 다른 어떤 피조물이라도 우리를 우리 주 예수 안에 있는 하나님의 사랑에서 끊을 수 없으리라"(롬8:37-39)고 말씀합니다. 결국 하나님 아버지의 사랑이 우리를 이기게 하시고 승리하게 하십니다. 그러므로 넉넉히 이기게 하시는 하나님 아버지를 바라보며 승리의 확신을 가지고 믿음으로 달려가야 합니다.

제4부

빛이 내리는 곳에 생명은 살아나고

01
닮은꼴

"아들이 아버지께서 하시는 일을 보지 않고는 아무 것도 스스로 할 수 없나니 아버지께서 행하시는 그것을 아들도 그와 같이 행하느니라"

_ 요5:19

아들을 낳기 전에 주변 사람들로부터 가장 자주 들은 말은 "아빠를 닮지 않고 엄마 닮은 아기가 나와야 할텐데"하는 걱정어린 소리였습니다. 태어날 아기가 특이하게 생긴 아빠를 닮지 않고 예쁜 엄마를 닮았으면 하는 주변 사람들의 기대와 염려가 그런 뼈있는 농담으로 표현되었던 것입니다. 그런데 아들은 이런 주변 사람들의 기대를 저버리고 아버지를 꼭 닮은 모습으로 태어났습니다. 정말 내가 봐도 신기할 정도로 아들은 아버지를 쏙 빼 닮았습니다. 그래서 아들을 낳은 후에 주변 사람들로부터 가장 많이 들은 말이 "완전히 붕어빵이네"라는 소리였습니다. 언젠가 한번은 어느 권사님이 붕어빵이라는 단어를 잘못 말하여 (나는 그렇게 믿고 싶습니다) "완전히 진빵이네"라고 말해서 내 속을 은근히 긁어 놓기도 했습니다. 아무튼 아들은 나와 완전히 닮은꼴입니다. 어느 정도 닮았나 하면, 나만 잘 알고 아내와 아들을 한번도 본 적이 없는 어떤 성도가 어느 행사장에서 아내와 함께 아들을 보고는 "혹시 박원철 목사님 아들 아닌가요?"라며 확신에 차서 물었을 정도입니다.

그런데 아내는 밖에서 사람들로부터 아들이 완전 아빠 닮았다는 소리를 많이 듣고 집에 들어 온 날에는 무슨 이유인지 굉장히 속상해 하면서 괜히 나한테 투덜거리곤 했습니다. 그래서 왜 이유없이 짜증내느냐고 물으면, 아들이 자기를 안 닮고 완전히 아빠 닮았다고 사람들이 자꾸 안타까워 하면서 말하는 것이 속상하다며 투덜거렸습니다. 그래서 나는 조금 황당해 하는 표정으로 아내에게 이렇게 반문했습니다. "아니 그럼, 아들이 아버지를 닮아야지, 옆집 아저씨를 닮아야 하니?"

아들은 아버지를 닮아야만 합니다. 만약 아들이 아버지를 닮지 않고 옆집 아저씨를 닮았다면 그야 말로 큰 일이 아닙니까? 만약 그렇다면 정말 심각한 일입니다. 보통 문제가 아닙니다. 그래서 나는 점점 커 갈수록 더 많이 나를 닮아가는 아들을 바라보면서 주체할 수 없는 기쁨의 전율을 느낍니다.

아들의 특성은 아버지와 생긴 모습이 닮은꼴이라는 것입니다. 그런데 아들을 키우면서 깨달은 아들의 또 다른 특성은 아버지가 하는 모든 것을 따라 한다는 것입니다. 아들이 약 16개월 정도 되었을 때였습니다. 아들이 뭔가 자기 맘에 들지 않는지 갑자기 "에이 씨" 하면서 짜증을 부렸습니다. 16개월된 아이가 해서는 안되는 소리를 내며 성질을 부리는 아들의 모습을 보고 나와 아내는 정말 깜짝 놀랐습니다. 그러면서도 다른 한편으로는 신기해서 한참을 웃었습니다. "에이 씨"하는 말의 억양과 톤 뿐만 아니라, 그 말을 하는 아들의 표정과 행동이 아버지와 너무나도 똑같았기 때문이었습니다. 참으로 부끄럽게도 나는 평소에 뭔가 잘 안풀리고 짜증이 나면 인상을 쓰면서 "에이 씨"라는 말을 자주 내뱉었습니다. 그런데 이 소리와 모습을 아들이 보고 듣고는 그대로 따라했던 것입니다. 이 일로 아내와 나는 한참 웃기는 했지만, 다른 한편으로는 앞으로 아들 앞에서 정말로 언행을 조심해야겠다는 생각을 했습니다. 하지만 이런 결심을 제대로 실천하지 못해 때때로 아들에게 별로 좋지 못한 말과 행동을 본의 아니게 보여주고 가르쳐준 것이 참 많이 있습니다.

아들은 자라면서 아버지가 하는 것은 뭐든지 따라 하려고 했습니다. 언젠가는 시원한 물을 먹고 난 후 장난 삼아 "크억"하는 소리를 냈더니 자기도 물을 먹고 난 후 나를 흉내 내면서 "크억" 소리를 냈습니다. 폭설이 내리는 창밖을 바라보면서 "눈이 장난 아니네"라고 말했더니 30개월도 채 안된 아들이 어눌한 발음으로 "장난 아니네"라는 아이에게는 전혀 어울리지 않는 말을 그대로 따라 했습니다. 지금도 가끔씩 그 말을 사용해서 우리를 황당하게 만들곤 합니다. 한번은 바가지 긁는 아내에게 화가 나서 팔짱을 낀 채 "좀 조용히 해!"라고 소리를 질렀더니 어느 날 아들도 아버지처럼 팔짱을 낀 채 야단치는 엄마를 향해 조용히 하라고 소리를 질렀습니다. 그 후에 아들이 교회에서 간혹 무슨 이유에선지 소리를 크게 지르는 경우가 있었는데 그럴 때면 교인들이 "아빠가 집에서 소리를 자주 지르는 모양이다"며 은근히 뼈있는 말을 해서 속으로 마음이 뜨끔할 때도 있었습니다.

하지만 아들이 좋지 않은 말과 행동만 따라 하는 것은 아닙니다. 아버지의 신앙적인 모습도 그대로 따라 합니다. 수요 저녁 예배 시작 전에 텅 빈 예배당 안에서 교인들을 기다리면서 강단 위에 올라가 무릎을 꿇고 "주여" 하면서 기도하고 있는데 아들이 어느새 옆에 와서 같이 무릎을 꿇고는 "주여" 소리를 흉내 내었습니다. 그런 아들이 너무나도 귀엽고 사랑스러워서 꼭 껴안고 함께 "주여" 소리치면서 기도했습니다. 그런데 그 날 수요 예배를 마치고 나오면서 아들이 기분이 좋은지 갑자기 "주여" 하면서 소리를 질렀습니다. 그랬더니 그 소리를 들은 교인들이 "목사 아들은 역시 다르네" 하면서 아주 즐거워 했습니다.

강단에서 설교하고 찬송하는 아빠의 모습을 자주 보아서 그런지 어릴 때 아들은 혼자 침대 위에서 예배 놀이를 하면서 놀곤 했습니다. 그리고 마이크 비슷한 물건만 있으면 집에서 뿐만 아니라 길을 가다가도 그것을 붙잡고 찬송하고 설교하는 흉내를 냈습니다. 그래서 이렇게 무엇이든지 아버지를 따라하는 아들 때문에 나는 아들 앞에서는 언제나 말과 행동을 조심하려고 노력합니다.

아들의 특성은 아버지와 모습이 닮은꼴이라는 것 외에 아버지가 하는 모든 것을 그대로 따라 한다는 것입니다. 다시 말해, 아들은 생긴 모습뿐 아니라 말과 행동도 아버지와 닮은꼴 입니다. 그래서 예수님도 하나님의 아들로서의 자신의 정체성에 대해 변증하시면서 아들의 특성을 이렇게 설명하셨습니다. "아들이 아버지께서 하시는 일을 보지 않고는 아무 것도 스스로 할 수 없나니 아버지께서 행하시는 그것을 아들도 그와 같이 행하느니라"(요5:19). 또한 예수님께서는 스스로는 아무 것도 하지 아니하시고 오직 아버지께서 가르치신 대로 하신다고 말씀하셨습니다(요8:28). 다시 말해, 예수님은 하나님의 아들로서 혼자 마음대로 독립적으로 말하고 행하시는 것이 아니라, 하나님 아버지와의 긴밀한 관계성 속에서 아버지의 뜻을 따라 말하시고 아버지가 행하시는대로 행하십니다.

예수님은 언제나 우리를 먼저 사랑하십니다. 그리고 예수님의 사랑에는 조건도 제한도 없습니다. 그런데 이 예수님의 사랑은 아버지 하나님께로부터 배운 것이라고 말씀합니다. "아버지께서 나를 사랑하신 것 같이 나도 너희를 사랑하였으니"(요15:9). 또한 "아버지께서 아들을 사랑하사 자기의 행하시는 것을 다 아들에게 보이시고"(요5:20)라고 말씀하십니다. 이 말은 예수님께서 행하시는 것은 지금까지 하나님 아버지께서 해오신 것을 그대로 드러내고 있는 것이라는 뜻입니다. 한마디로 말해, 예수님이 하시는 일은 하나님께서 하시는 일과 동일한 것입니다. 그리고 예수님이 하시는 말씀은 하나님의 말씀과 동일한 것입니다. 즉 아들이 하는 말과 행동은 아버지가 하는 말과 행동을 그대로 보여 줍니다. 그러므로 우리는 아들이신 예수님을 통해 아버지이신 하나님을 볼 수 있습니다. 그래서 예수님은 하나님을 보여 달라는 빌립의 요청에 대해 "나를 본 자는 아버지를 보았거늘 어찌하여 아버지를 보이라 하느냐"(요14:9)고 반문하셨습니다.

아들은 모습과 언행이 아버지와 닮은꼴 입니다. 아들은 아버지의 모습과 말과 행동을 그대로 닮을 수 밖에 없습니다. 아니 반드시 닮아야만 합니다. 그래야만 아버지의 아들이라고 할 수 있습니다. 우리 그리스도인들은 하나님의 아들(과 딸)입니다. 그러므로 우리는 하나님과 닮은꼴이어야만 합니다. 하나님의 자녀들인 우리는 하나님 아버지를 반드시 닮아야만 합니다. 그리고 아버지 하나님을 닮은 성자 예수님과도 닮은꼴이어야만 합니다. 그런데 과연 우리는 정말 하나님과 예수님과 닮은꼴인지 한번 진진하게 생각해 보아야 합니다. 자신이 진정으로 하나님의 자녀라고 생각하는 사람들은 자신의 모습과 말과 행동이 하나님 아버지를 닮았고 예수님을 닮았는지를 정말 심각하게 한번 고민해 보아야 합니다. 만약 하나님의 자녀라고 자부하는 우리가 하나님 아버지를 닮지 않고 옆집 사탄 아저씨를 닮았다면 정말 문제가 심각합니다.

02

유리병 속에 갇힌 작은 새

"예수께서 또 말씀하여 이르시되 나는 세상의 빛이니 나를 따르는 자는
어둠에 다니지 아니하고 생명의 빛을 얻으리라" _ 요8:12

아기가 건강하게 정상적으로 태어날지라도 출생 후 몇 일 동안은 간
의 기능이 미숙하기 때문에 황달이 쉽게 발생할 수 있다고 합니다. 한
국에서는 신생아의 약 60%가 이런 생리적 황달에 걸린다는 통계를 본
적이 있습니다. 황달은 혈액 내에 있는 빌리루빈이라는 물질이 많아져
피부의 색깔이 황색으로 보이는 상태를 말합니다. 보통 신생아들에게
나타나는 황달은 3-5일 사이에 최고치를 보이다가 간의 기능이 정상으
로 회복되면서 자연스럽게 사라진다고 합니다. 그러나 황달이 심할 경
우에는 황달 색소가 신생아의 뇌로 들어가 핵황달을 일으켜 청각장애,
지능장애 및 뇌성마비 등을 일으키거나 최악의 경우에는 사망할 수도
있기 때문에, 황달의 원인과 상태를 빨리 파악하여 조기 치료를 하는
것이 매우 중요합니다.

이 곳 캐나다에서는 신생아에게 황달이 발생하는 비율이 아주 낮기 때문에(주로 아시아 계통의 아기들에게 많이 나타남) 병원에서 황달을 가볍게 다루지 않는 것 같습니다. 그래서 피검사를 통해 아들에게 황달이 생겼다는 결과가 나오자 마자 병원 응급실을 통해 소아과 병실에 입원을 했습니다.

캐나다에 살면서 처음 가본 소아과 병동은 분위기가 아늑하고 평온했습니다. 의료진들과 직원들도 참 친절하고 따뜻했습니다. 그리고 일반적으로는 보통 2인 1실을 사용하는 것이 원칙이고 독실을 사용하기 원할 경우에는 별도로 추가 입원비를 지불해야만 하는데 때마침 2인 1실에 빈 침대가 없어서 따로 추가 비용을 지불하지 않고도 혼자 쓸 수 있는 넓은 독실을 사용하는 행운을 얻었습니다. 그래서 좀더 편안하고 안락한 분위기에서 아들의 병간호를 할 수가 있었습니다.

태어난 지 수 일 밖에 지나지 않은 아들은 황달 치료를 받기 위해 이틀 동안 입원해 있었습니다. 그런데 황급하게 입원한 아들이 병원에서 받는 황달 치료라는 것이 인큐베이트 속에 누워 눈을 보호하는 검은 안대를 낀 채 기계에서 나오는 광선을 쬐는 것이 전부였습니다. 처음에는 다소 황당하고 의아했지만, 이것이 심한 황달에 걸린 아기의 피부에 특수한 파장의 빛을 쬐어서 황달의 수치를 감소시키는 광선요법이라는 것을 나중에 알게 되었습니다. 이렇게 아들은 병원에 입원해 있는 이틀 동안 인큐베이트 속에 누워서 거의 하루 종일 빛을 쬐었습니다. 그리고 유리 병속에 갇힌 작은 새처럼 인큐베이트 속에 누워 하루 종일 빛을 쬐고 있는 아들을 바라보면서 빛이 우리에게 생명을 준다는 사실을 다시 한번 상기하게 되었습니다.

이 땅의 모든 생명체를 존재하게 하는 것은 빛입니다. 빛은 생명의 근원입니다. 빛이 없으면 모든 식물과 동물들이 생명활동을 제대로 할 수가 없습니다. 빛이 있는 곳에 생명이 있습니다. 사람들도 빛을 보지 못하면 멜라톤이라는 호르몬이 거의 만들어지지 않아 몸에 생기가 없고 심한 경우에는 우울증이 생긴다고 합니다. 그리고 우울증에 걸린 사람은 도무지 집밖으로 나오려고 하지 않습니다. 이불을 뒤집어 쓴 채 빛을 보지 않으려고 합니다. 그러므로 우울증을 치료하고 생기 잃은 몸을 회복하기 위해서는 반드시 빛을 쬐어야만 합니다. 아침부터 저녁까지 계속해서 빛을 쬐어야 합니다. 아들도 태어난 지 삼 일 만에 심한 황달에 걸려 인큐베이트 속에서 이틀 동안 계속해서 빛을 쬐었습니다. 그런 후에 황달에서 회복이 되었습니다. 황달에 걸린 아들이 건강을 회복하고 생명을 얻기 위해서 빛을 쬐어야 하듯이 우리들도 생명을 얻기 위해서는 진리의 빛을 쬐어야만 합니다.

예수님께서는 "나는 세상의 빛이니 나를 따르는 자는 어둠에 다니지 아니하고 생명의 빛을 얻으리라"고 말씀하셨습니다(요8:12). 유대교에서 빛은 일반적으로 이 세상에서의 하나님의 구원의 역사를 의미합니다. 그래서 창조의 이야기를 다루는 창세기 1장에 보면 하나님께서 가장 먼저 창조하신 것이 빛이었습니다. 그리고 이스라엘 백성들이 애굽을 탈출하여 광야를 통과할 때 하나님께서 불기둥으로 그들을 인도해 주셨습니다. 그래서 이스라엘 백성들은 "여호와는 나의 빛이요 나의 구원이시니 내가 누구를 두려워하리요"(시 27:1)라는 찬양을 부르도록 교육을 받았습니다. 그런데 예수님께서는 자신이 바로 이 빛이라고 말씀하셨습니다. 예수님 자신이 바로 구원의 빛이며 성육신하신 하나님의 빛이라고 선포하셨습니다. 그리고 예수님 자신이 이 세상을 비추는 빛이므로 자신을 따르는 자는 더 이상 어둠의 노예가 아니라 빛의 자녀가 된다고 선포하셨습니다. 이제 예수님을 따르는 자는 더 이상 죽음의 어둠 속에서 방황하지 않고 생명의 빛을 얻게 된다고 말씀하셨습니다. 그래서 성경은 세상 사람들의 빛이신 예수님 안에 생명이 있다고 말씀합니다. "그 안에 생명이 있으니 이 생명은 사람들의 빛이라"(요1:4).

"그 안에 생명이 있으니"라는 구절은 예수님이 생명의 근원이라는 것을 말해 줍니다. 예수님은 우리에게 생명을 주시는 분 입니다. 그래서 성경은 예수님 안에 생명이 있다고 선포합니다. 또한 성경은 예수님이 살려주는 영이라고 말씀합니다. "기록된 바 첫 사람 아담은 생령이 되었다 함과 같이 마지막 아담은 살려 주는 영이 되었나니"(고전15:45). 첫 사람 아담이 범죄하므로 말미암아 우리에게 죽음을 가져다 주었다면 마지막 아담인 예수님은 우리에게 영원한 생명을 가져다 주었습니다. 예수님 안에는 영원한 생명이 있습니다. 그리고 예수님께서는 원하시면 누구에게든지 영원한 생명을 주실 수 있는 분이십니다.

우리 인간에게 가장 중요한 것은 생명입니다. 그런데 생명이 이렇게 소중한 이유는 무엇입니까? 한번 죽으면 끝이기 때문입니다. 다시 말해, 우리 인간이 가진 생명이 유한하기 때문에 생명은 우리에게 가장 소중한 것입니다. 이 세상 그 어디에도 죽음을 이길 수 있는 방법이나 능력을 가진 사람은 없습니다. 그 누구도 죽음의 힘을 이길 수는 없습니다. 중국의 진시황제가 영원히 살고 싶은 욕망에 사로잡혀 수많은 사람들을 동원하여 불로초를 찾았지만 결국 그도 죽을 수 밖에 없었습니다. 우리 인간이 소유한 생명의 유한성, 즉 죽음은 사람의 힘으로는 도저히 막을 수도 해결할 수도 없는 불가항력적인 것입니다. 그래서 사람들이 종국에는 죽음 앞에서 스스로가 별볼일 없고 하찮은 인간임을 인정하고 고백하게 되는 것입니다.

우리 인간의 특징 중 하나는 생명의 유한성입니다. 인간뿐 아니라 모든 피조물의 특징이 바로 이 생명의 유한성입니다. 그러나 창조주 하나님은 영원한 생명을 가지고 계신 분이십니다. 하나님께서는 마음만 먹으면 자신의 피조물에게 영원한 생명을 주실 수 있는 창조자이십니다. 그 하나님께서 예수님을 이 땅에 보내 주셨습니다. 그리고 하나님께서 유한한 인간의 땅으로 보내주신 예수님 안에 영원한 생명이 있습니다. 예수님께서는 이 영원한 생명을 우리에게 주십니다. 그런데 어떻게 주시느냐 하면, 빛으로 영원한 생명을 주십니다. 그래서 성경은 "이 생명은 사람들의 빛이라"(요1:4 하반절)고 말씀합니다.

태초에 하나님께서 천지를 창조하실 때 가장 먼저 빛을 창조하셨습니다. 하나님께서는 빛을 먼저 창조하신 후에 이 땅의 모든 생명체들을 창조하셨습니다. 그러므로 근원적으로 빛이 없이는 그 어떤 생명도 존재할 수가 없습니다. 생명의 근원이 빛입니다. 그런데 예수님께서 우리에게 생명의 빛을 주신다고 말씀합니다. 그럼 이 생명의 빛은 구체적으로 무엇을 말하는 것입니까? 바로 예수님의 말씀입니다. 그리고 예수님의 말씀은 예수님의 모든 삶이며 또한 예수님 자신입니다. 그래서 예수님께서는 "나는 길이요 진리요 생명이니"(요14:6)라고 선포하셨습니다.

예수님의 말씀은 우리에게 생명을 주는 진리의 빛입니다. 그러므로 예수님의 말씀이 바로 생명입니다. 예수님의 말씀에는 죽은 영혼을 살리는 능력이 있습니다. 따라서 우리는 생명의 빛되신 예수님을 바라 보아야 합니다. 생명의 빛되신 예수님을 떠나면 우리는 영적으로 치명적인 병에 걸려 죽을 수 밖에 없습니다. 우리가 영적으로 건강하게 살기 위해서는 생명의 빛되신 예수님을 바라보아야 합니다. 황달에 걸린 아들이 건강을 회복하고 생명을 얻기 위해 빛을 쬐었던 것처럼, 영적으로 병들어 죽어가는 우리가 영혼의 건강을 회복하고 영원한 생명을 얻기 위해서는 진리의 빛을 쬐어야만 합니다. 생명의 빛되신 주님을 날마다 바라보아야 영적 건강을 회복하고 영원한 생명을 얻을 수가 있습니다. 그러므로 우리는 진리의 빛(말씀)을 쬐는 일을 하루도 게을리 해서는 안될 것입니다.

03
대단한 벼슬

"아버지께서 아들에게 주신 모든 사람에게 영생을 주게 하시려고 만민을
다스리는 권세를 아들에게 주셨음이로소이다" _ 요17:2

　부모의 말을 잘 안 듣고 속을 썩이면서도 그 잘못을 모르고 도리어
더 큰 소리를 치는 자식들을 향해 부모들은 속앓이를 하면서 이렇게
말하곤 합니다. "자식이 무슨 벼슬이니? " 이 말은 아들 혹은 딸 된 것
이 무슨 그리 큰 벼슬이라고 부모 속을 그렇게 썩이면서도 부모 앞에서
그리 당당하냐는 말을 조금 비꼬아서 하는 표현입니다. 나도 지난 시절
을 돌이켜 보면 자식으로서 부모님께 잘못한 일들이 참 많은 것 같습니
다. 부모님의 마음을 상하게 하고, 섭섭하게 하고, 마음에 고통을 준
적이 한 두 번이 아닌 것 같습니다. 게다가 아무리 자식이지만 인간적
으로 너무하다고 할 정도로 무리한 요구(때로는 강요)를 부모님께 한 적
도 많았던 것 같습니다. 그런데도 뭐가 잘났다고 부모님 앞에서 그리
도 당당했었던지? 도대체 아들된 것이 무슨 대단한 벼슬이라고 부모

님 앞에서 그렇게도 우쭐되고 무례하게 행동했던지? 돌이켜 보면 참
으로 부끄럽기만 합니다.

사실 자식으로서 부모님 앞에서 그렇게 당당하고 목이 뻣뻣하게 행
동하면서도 도대체 무슨 자격과 권세로 부모님께 이런 뻔뻔한 행동을
하는 지에 대해 의아스러울 때가 있었습니다. 게다가 부모된 것이 무슨
큰 죄를 진 것도 아닌데 부모님들은 왜 그리 자식들 앞에서 쩔쩔매는
지 참 이해할 수가 없었습니다. 그런데 아들을 직접 길러 보니까 아들
된 것이 대단한 벼슬이고 권세구나 하는 것을 알 수 있었습니다. 아들
을 기르면서 아버지의 아들이기 때문에 아들은 권세를 얻게 되고, 아
들을 사랑하는 아버지이기 때문에 아버지는 아들에게 모든 권세를 주
는 이치를 깨닫게 되었습니다.

어린 아들은 밥과 국을 쏟아 밥상을 엉망으로 만들어 놓고도 아버
지 앞에서 언제나 거침이 없고 당당했습니다. 글쓰는 작업을 하고 있
는 컴퓨터의 전원을 난데없이 꺼버려 화를 내는 아버지에게 아들은 도
리어 더 큰 소리를 쳤습니다. 깊이 잠을 자다가도 아들이 놀자고 깨우
면 눈을 비비며 일어나 아들이 원하는 곳으로 가서 원하는 놀이를 해
주어야만 했습니다. 반대로 아무리 중요한 일을 하다가도 아들이 함께
잠 자기를 원하면 아들과 함께 침대로 가서 아들이 잠들 때까지 침대
위에 누워 있어야만 했습니다. 아들이 소리쳐 부르면 아버지는 놀라서
번개처럼 달려가야 합니다. 아들이 가게의 장난감을 붙자고 사달라고

울면 꼼짝없이 사주어야 합니다. 맛있는 음식을 먹다가도 아들이 달라고 하며 아낌없이 주어야 합니다. 목마를 태워 달라고 하면 피곤해도 태워 주어야 하고, 자기를 잡으러 오라고 하면 괴물 소리를 지르면 달려가야 합니다. 이렇게 어린 아들은 아버지에게 지극히 자기 중심적인 온갖 요구를 했습니다. 때로는 말도 안되는 황당한 요구를 할 때도 많았습니다. 그러면서도 아들은 아버지 앞에서 언제나 당당합니다. 아니 도리어 자기가 더 큰 소리를 칩니다. 하지만 그럼에도 불구하고 아버지는 어떤 의미에서는 참 무례하고 이기적이라고 할 수 있는 아들을 너그럽게 받아 줍니다. 화를 내기는커녕 도리어 안하무인 격인 아들을 바라보는 아버지의 얼굴에는 행복한 웃음이 가득합니다. 도대체 그 이유가 무엇입니까? 아버지의 아들이고, 아들을 사랑하는 아버지라는 관계성 때문입니다. 다시 말해, 아들이 아버지 앞에서 가지는 이런 당당한 권세는 아버지와 아들이라는 관계성에서 오는 것입니다. 아버지의 아들이기 때문에 이런 권세를 가지게 되는 것입니다. 아들이 옆집 아저씨한테는 절대로 이렇게 당당할 수가 없습니다. 만약 아들이 옆집 아저씨 앞에서도 이런 당당한 권세를 부리려고 하다가는 큰 낭패를 당하게 될 것입니다. 그러므로 결국 아들이 아버지 앞에서 이런 거침없는 당당함을 가질 수 있는 이유는 아버지의 아들이기 때문입니다.

유대 지도자들이 예수님을 죽이기 위해 주님을 찾고 있는 위급한 상황에서 갈릴리에 계시던 예수님은 초막절 명절을 지키기 위해 아무도 몰래 예루살렘으로 올라 가셨습니다(요7:10). 예수님께서는 비밀스럽게 예루살렘으로 올라 가신 후에 명절 중반이 될 때까지 자신을 드러내지 않고 무리들 속에 섞여 조용히 지내셨습니다. 그러다가 초막절 명절의 중간 쯤 되자 예수님께서는 예루살렘 성전에 올라 가셔서 거기에서 사람들을 가르치셨습니다(요7:14). 그런데 예수님께서 성전에서 공개적으로 사람들을 가르치시는 것을 본 유대 지도자들이 랍비로서의 예수님의 권위에 대해 의문을 제기했습니다. "유대인들이 놀랍게 여겨 이르되 이 사람은 배우지 아니하였거늘 어떻게 글을 아느냐 하니"(요7:15). 사실 이 질문은 "랍비로서의 교육도 받지 않은 자가 어찌 백성들을 가르치는가?"라는 불평이요 예수님의 권위에 대한 공격이었습니다.

예수님 당시에는 유대의 랍비가 되기 위한 교육적인 기준이 잘 정립되어 있었습니다. 사도 바울이 유명한 바리새인 지도자 가말리엘의 문하에서 율법 교육을 받은 것처럼 랍비가 되기 위해서는 랍비 학교에서 훌륭한 학문을 갖춘 랍비로부터 고등 교육을 받아야만 했습니다. 이것이 예수님 당시에 랍비가 되기 위한 일반적인 기준이었습니다. 그래서 예루살렘 성전에서 백성들을 가르치는 예수님을 향해 유대 지도자들이 "당신은 어디에서 누구에게 랍비가 되기 위한 교육을 받았느냐?"고 질문하면서 가르치는 자로서의 예수님의 권위에 의문을 제기하고 있는 것입니다. 요즘 말로 하면, "당신 도대체 어느 신학교 졸업했어?"라고 묻는 것이라고 할 수 있습니다.

이런 유대 지도자들의 질문에 대해 예수님은 하나님으로부터 직접 배웠다고 대답하셨습니다. "예수께서 대답하여 이르시대 내 교훈은 내 것이 아니요 나를 보내신 이의 것이니라"(요7:16). 예수님이 가르치는 권세를 가진 것은 세상의 학위를 가졌기 때문이 아니라 하나님으로부터 직접 받았기 때문이라고 말씀하셨습니다. 좀 더 정확히 말하면, 예수님께서 가지신 권세는 하나님의 아들로서 아버지 하나님으로부터 직접 받은 권세라는 것입니다. 세상의 랍비들과 달리 예수님께서는 아버지 하나님으로부터 직접 받은 권세로 가르치셨던 것입니다. 그러므로 예수님의 가르치는 권세는 세상의 학벌이나 권위로부터 온 것이 아니라 하늘에 계신 하나님 아버지께로부터 온 것이었습니다.

하나님 아버지는 독생자 예수님께 가르치는 권세 뿐만 아니라 그 보다 훨씬 더 크고 위대한 권세를 주셨습니다. 그래서 예수님께서는 "하늘과 땅의 모든 권세를 내게 주셨으니"(마28:18)라고 선포하셨습니다. 하나님 아버지께서 독생자 예수님께 하늘과 땅의 모든 권세를 주셨습니다. 그런데 하나님 아버지께서 예수님께 이런 권세를 주신 이유는 무엇입니까? 예수님은 하나님의 사랑하는 아들이시기 때문입니다. 하나님 아버지께서는 외아들이신 예수님을 사랑하시기 때문에 예수님께 하늘과 땅의 모든 권세를 주셨습니다. 또한 생명과 죽음의 심판을 할 수 있는 권세도 주셨습니다. "아버지께서 아들을 사랑하사 만물을 다 그 손에 주셨으니 아들을 믿는 자에게는 영생이 있고 아들에게 순종하지 아니하는 자는 영생을 보지 못하고 도리어 하나님의 진노가 그 위에 머물러 있느니라"(요3:35-36).

구약 성경은 오직 하나님만이 사람에게 생명을 주기도 하고 죽음을 주기도 하는 권세를 가지고 계신다고 말씀합니다. "나는 죽이기도 하며 살리기도 하며 상하게도 하며 낫게도 하나니"(신32:39). 즉, 하나님만이 생명과 죽음의 심판을 할 수 있는 권세를 가지고 계시다는 것입니다. 그런데 하나님만이 가지고 계신 생명과 죽음을 주관하는 권세를 하나님의 외아들이신 예수님께 주셨습니다. 그리고 하나님께서는 생명과 죽음의 심판을 하게 하시기 위해 아들이신 예수님을 이 땅에 보내셨습니다.

하나님 아버지께서는 아들에게 주신 모든 자에게 영생을 주게 하시려고 만민을 다스리는 권세를 예수님께 주셨습니다(요17:2). 그래서 예수님은 "내 말을 듣고 또 나를 보내신 이를 믿는 자는 영생을 얻었고 심판에 이르지 아니하나니 사망에서 생명으로 옮겼느니라"고 말씀하셨습니다(요5:24). 예수님의 말씀을 듣고 그 말씀을 통해 나타나신 하나님을 믿는 자는 생명을 얻게 된다는 것입니다. 왜 그렇습니까? 아버지께서 아들이신 예수님께 생명의 권세를 주셨기 때문입니다. "아버지께서 자기 속에 생명이 있음 같이 아들에게도 생명을 주어 그 속에 있게 하셨고"(요5:26). 이렇게 하나님 아버지께서 가지신 생명의 권세를 아들이신 예수님께 주셨습니다.

하나님 아버지께서는 아들이신 예수님께 생명의 권세 뿐만 아니라 죽음의 심판을 할 수 있는 권세도 주셨습니다. "아버지께서 자기 속에 생명이 있음 같이 아들에게도 생명을 주어 그 속에 있게 하셨고 또 인자됨으로 말미암아 심판하는 권한을 주셨느니라"(요5:26-27). 인자는 말 그대로 '사람의 아들'이라는 뜻입니다. 이 말은 예수님께서 '하나님의 아들'이라는 뜻으로 사용하신 일종의 전문 용어입니다. 원래 유대인들은 '기름 부음을 받았다'라는 의미의 그리스도 (혹은 메시야)라는 칭호를 좋아했습니다. 그러나 그 당시에 이 칭호는 너무나도 정치적인 의미로 사용되었기 때문에 예수님께서는 그리스도라는 용어를 사용하는 것을 좋아하지 않으셨습니다. 왜냐하면 유대인들은 그리스도라는 용어를 다윗의 후손으로 이스라엘 나라를 재건할 정치−군사적 지도자라는 뜻으로 사용했기 때문이었습니다. 그래서 예수님께서는 유대인들에게 그리스도라는 용어 대신 '인자'라는 표현을 자주 사용하셨습니다. 왜냐하면 이 말이 성자 예수님이 이 세상에 오신 목적을 더 잘 나타내 주기 때문이었습니다. 예수님은 단순히 정치−군사적으로 유대인을 해방시키러 오신 것이 아니라 모든 하나님의 백성들을 죄에서 구원하기 위해서 오셨습니다. 그래서 예수님께서는 자신이 인자이므로 하나님께서 자신에게 심판의 권세를 주셨다고 말씀하셨습니다. 다시 말해, 예수님은 하나님의 아들이시기 때문에 아버지로부터 죽음의 심판을 할 수 있는 권세도 받으셨던 것입니다.

하나님 아버지께서는 외아들이신 예수님을 사랑하사 예수님께 생명과 죽음의 심판을 할 수 있는 권세를 주셨습니다. 뿐만 아니라 하늘과 땅의 모든 권세를 예수님께 주셨습니다. 왜냐하면 예수님은 하나님의 아들이시기 때문입니다. 결국 예수님께서 가지신 모든 권세는 하나님 아버지의 아들이기 때문에 가지는 권세입니다. 그리고 아들의 권세를 가지신 예수님을 믿고 순종할 때 우리는 영원한 생명을 얻을 수가 있습니다. 그러나 예수님을 믿지 않고 불순종하면 영원한 죽음의 심판을 받을 수 밖에 없는 것입니다. 그러므로 하나님의 아들이신 예수님의 권세에 대적하는 자가 되지 말고 순종하는 자가 되어야 합니다.

04
막힌 담을 헐고

"그는 우리의 화평이신지라 둘로 하나를 만드사 원수 된 것 곧 중간에
막힌 담을 자기 육체로 허시고" _ 엡2:14

    결혼하고 1년 정도는 참 많이 싸웠습니다. 게다가 중요한 문제가 아
니라 아주 사소하고 유치한 문제로 부부싸움을 했습니다. 때로는 부부
싸움의 강도가 굉장히 심각해 질 때도 있었습니다. 그러나 아들이 태어
난 이후에는 상황이 많이 달라져 부부싸움을 자주 하지 않게 되었습니
다. 특별히 아들이 3살 정도 된 후부터는 우리 부부가 어떤 문제로 인
해 서로 티격태격하며 싸우려 하면 아들이 중간에 끼여 들었습니다. 엄
마가 아빠에게 잔소리를 하려고 하면 고사리 같은 손으로 엄마의 입을
막았습니다. 아빠가 엄마에게 따지려고 하면 여리고 작은 손으로 아빠
의 입을 막았습니다. 그렇게 하는대도 엄마 아빠가 언성을 높이며 논쟁
을 계속하면 어린 아들이 조용히 하라고 더 큰 소리를 질렀습니다. 그
렇게 싸움을 말리는 어린 아들의 대견한 모습이 너무 귀엽고 기특해서

우리 부부는 싸우다가도 웃을 수 밖에 없었습니다. 지금도 때때로 우리 부부 사이에 문제가 일어나면 중간에서 싸움을 방해(?)하는 아들 때문에 부부싸움이 커질려고 하다가도 어느새 사그라들면서 웃음으로 마무리 되곤 합니다. 이렇게 아들은 우리 부부의 싸움을 해결하고 우리 부부 사이에 놓인 갈등의 벽을 허무는 평화의 중보자입니다.

예수님께서는 남쪽 유대 땅에서 북쪽 갈릴리로 올라가시는 길에 사마리아 여인을 만났습니다(요4장). 사마리아인들의 기원은 B.C. 722년에 북왕국 이스라엘이 앗시리아에 의해 멸망당한 때부터라고 할 수 있습니다. 그 당시 북이스라엘 왕국은 사마리아라는 지역을 근거지로 하고 있었습니다. 그러나 앗시리아가 북왕국을 멸망시킨 후에 귀족계층 사람들을 중심으로 많은 북이스라엘 사람들을 포로로 잡아갔습니다. 대신 페르시아인들과 다른 여러 이방인들을 사마리아 지역으로 이주시켰습니다(대하17:24). 이렇게 사마리아로 이주한 이방 사람들이 앗수르에게 포로로 잡혀가지 않고 남아 있던 하류계층 유대인들과 통혼하여 태어난 사람들이 바로 사마리아인들입니다. 그러니까 사마리아인들을 정확하게 표현하자면, 사마리아 지역에 살았던 하류계층 유대인과 이방인의 혼혈족이라 할 수 있습니다. 그래서 순수혈통을 강조하는 유대인들은 사마리아인들을 아주 싫어하고 경멸했습니다.

사마리아인들은 구약 성경에서 모세오경만을 믿었습니다. 사무엘상

하, 열왕기상하, 역대상하 등을 포함한 선지서와 시편, 잠언 같은 지혜서를 거부했습니다. 왜냐하면 이것들은 유대와 다윗 왕가를 중심으로 쓰여졌기 때문이었습니다. 그래서 사마리아인들은 예루살렘 성에서 예배하는 것을 거부하고 아브라함이 하나님께 제단을 쌓았던 세겜 땅에 있는 그리심 산에 자신들만의 새로운 성전을 짓고 거기서 예배를 드렸습니다.

바벨론 1차 포로 귀환 때에 스룹바벨이 유대인들과 함께 예루살렘으로 귀환하여 무너진 성전을 재건했습니다. 그 때 사마리아인들이 자신들도 성전 재건을 도울 수 있게 해달라고 요청했지만 스룹바벨이 거절했습니다. 그러자 그때부터 사마리아인들은 계속해서 예루살렘 성전의 재건을 방해했습니다(스4:1-6). 그래서 후에 알렉산더 대왕이 팔레스타인 전역을 점령하여 B.C. 330년경부터 헬라 제국이 팔레스타인을 다스리면서 사마리아 지역을 아주 중요한 전초기지로 만들었습니다. 왜냐하면 그 곳이 반유대 정서가 강한 사람들이 모여 사는 곳이었기 때문입니다. 그런데 나중에 유대인들이 반란을 일으켜 예루살렘에 자신들만의 왕국을 잠시 재건하자, B.C. 129년에 하스몬 왕조의 힐카누스가 사마리아를 공격하여 세겜의 그리심 산에 있는 사마리아인들의 성전을 불태워 버렸습니다. 그 후로부터 사마리아인들은 성전없이 그냥 그리심 산 위에서 제사를 드리며 기도했습니다.

이런 일련의 역사적인 사건과 배경 때문에 유대인들과 사마리아인들은 서로에게 굉장히 적대적이었습니다. 특별히 유대인들은 사마리아인들을 아주 불경스럽게 생각하며 천대했습니다. 그래서 예수님 당시에 이스라엘 백성에게는 "사마리아 사람들과 같이 교류하는 자의 자녀들은 노예로 팔아도 무방하다"는 불문율이 있었다고 합니다. 그만큼 이스라엘 사람들은 사마리아 사람들과 상종하는 것을 자기뿐만 아니라 자기 자식의 신세까지 망치는 것으로 생각했습니다. 이런 연유로 인해 유대인들이 북쪽 갈릴리로 갈 때에는 그 중간에 있는 사마리아 지역을 통과해서 가는 것이 지름길임에도 불구하고 거기로 가지 않고 요단강 서쪽에 있는 험한 협곡을 돌아서 다녔습니다. 그러므로 예수님께서 유대인들이 일반적으로 다니는 길로 가지 않고 사마리아 땅을 지나는 지름길로 가신 것은 그 당시의 유대 관습으로 볼 때 굉장히 이례적인 것이었습니다.

게다가 예수님은 길을 가시다가 우물가에서 사마리아 여인을 만나 개인적인 대화를 나누었습니다. 이것은 그 당시 유대의 관습으로는 상상할 수 없는 파격적인 행동이었습니다. 그 당시 유대인 남자들이 하루 세 번씩 반복하는 기도문이 있었는데, 그 기도 중 제일 마지막에 이런 감사의 기도가 나옵니다. "하나님, 내가 이방인과 노예와 여자로 태어나지 않게 해주신 것을 감사하나이다." 이것이 그 당시 유대 사회에서의 여자의 위치였습니다. 이런 유대 사회의 분위기 속에서 유대 남자인 예수님이 사마리아 여자와 대화를 나누었다는 것은 그 당시의 유대 관습을 깨트린 파격적인 행동이라고 할 수 있습니다. 사실 유대

154

관습뿐 아니라 그 당시 근동 지역의 관습에 따르면 남자들은 사람들 앞에서 여자와 공개적으로 대화를 나눌 수가 없었습니다. 심지어 결혼한 사이라고 할 지라도 금기시 되었습니다. 그러니까 예수님께서 사마리아 땅을 지나가시면서 사마리아인 여인과 개인적인 대화를 나눈 것은 그 당시에 존재했던 관습의 장벽을 깨뜨린 것이었습니다.

예수님은 독신 남자였고 유대 종교 지도자였습니다. 그런데 예수님은 유대인들이 가지 않는 사마리아 땅을 지나갔습니다. 거기서 남자도 아닌 사마리아인 여자를 만나 개인적인 대화를 나누었습니다. 이것은 유대 관습에 따라 예수님이 지켜야만 했던 모든 관습의 장벽을 무너뜨린 행위였습니다. 사마리아 여인은 이방인이라는 장벽과 여자라는 높은 장벽을 가지고 있었습니다. 그런데 예수님께서는 이 모든 장벽을 뚫고 사마리아 여자에게 다가 가셨습니다. 그러므로 예수님은 사람과 사람 사이를 가로 막고 있던 종교적 장벽, 인종적 장벽, 성별적 장벽, 신분적 장벽 등을 뚫고 복음을 전하셨다고 할 수 있습니다. 그러므로 예수님은 모든 장벽을 허무시는 분이십니다.

성경은 "[예수님은] 우리의 화평이신지라 둘로 하나를 만드사 원수 된 것 중간에 막힌 담을 자기 육체로 허시고"라고 말씀합니다(엡2:14). 계속해서 "또 십자가로 이 둘을 한 몸으로 하나님과 화목하게 하려 하심이라 원수 된 것을 십자가로 소멸하시고"라고 말씀합니다(엡2:16). 하나님의 아들이신 예수님께서 십자가 위에서 자신의 육체를 희생하시고 죽으시므로 우리와 하나님 사이에 가로 막혀 있는 장벽을 허무셨습니다. 독생자 예수님께서 십자가 위에서 죽으시므로 하나님과 원수되었던 우리가 하나님과 화목하게 되었습니다.

이렇게 예수님은 막힌 담을 허시고 원수된 자들을 화목케하는 평화의 중보자이십니다. 또한 예수님의 십자가는 우리들 가운데 있는 모든 장벽을 무너뜨리는 능력입니다. 이런 평화의 중보자로서의 능력이 예수님의 십자가의 사랑과 은혜로 구원을 받은 우리에게도 있어야 합니다. 그리스도인에게는 우리 주변의 모든 막힌 장벽을 깨뜨리고 모든 분쟁과 다툼을 소멸하는 능력이 있어야 합니다. 그러므로 우리는 막힌 담을 허시고 원수된 자들을 화목케하시는 독생자 예수님처럼 사람과 사람 사이, 사회와 사회 사이, 나라와 나라 사이, 인종과 인종 사이에 막혀 있는 장벽을 허무는 평화의 중보자가 되어야 합니다.

05
사랑의 징계가 보석을 만든다

"주께서 그 사랑하시는 자를 징계하시고 그가 받아들이시는 아들마다
채찍질하심이라 하였으니 너희가 참음은 징계를 받기 위함이라
하나님이 아들과 같이 너희를 대우하시나니 어찌 아버지가 징계하지 않는
아들이 있으리요 징계는 다 받는 것이거늘 너희에게 없으면 사생자요
친아들이 아니니라" _ 히12:6-8

간혹 어린 아들이 너무나 말을 안듣고 고집을 부려서 도저히 말로
는 통하지 않을 때가 있었습니다. 그럴 때는 막대기로 발바닥을 때리
거나 화장실에 가두는 벌을 주기도 했습니다. 돌이켜 생각해보면 좋은
방법이 아니었지만 아버지의 말을 듣지 않고 자기 하고 싶은대로 하려
고 고집을 부리는 아들을 교육시키고 훈련시키기 위한 일종의 징계였습
니다. 그리고 이런 징계의 이면에는 아들이 올바르게 자라기를 바라는
아버지의 사랑이 감추어져 있습니다.

아버지는 아들을 사랑하기 때문에 때로는 아들을 징계하기도 합니

다. 아들이 바르고 성숙하게 잘 자라기를 바라는 아버지의 사랑 때문에 불가피하게 아들을 징계하고 야단치는 것입니다. 만약 아버지가 아니고 옆집 아저씨라면 아이가 아무리 잘못되고 방탕한 짓을 하더라도 징계하거나 야단칠 필요가 없습니다. 아니 옆집 아저씨는 야단칠 수가 없습니다. 왜냐하면 옆집 아저씨가 자기 아들을 야단치는데 가만히 보고 있을 아버지는 없기 때문입니다. 더구나 아무리 자기 자식이 잘못을 했을지라도 다른 사람이 아들을 징계한다고 때리는데 잘한다고 박수칠 아버지는 그 어디에도 없습니다. 도리어 그 아버지한테 따귀 한대 맞지 않는 것을 다행으로 생각해야 할 것입니다.

옆집 아저씨는 남의 자식을 함부로 징계하거나 야단칠 수 없습니다. 만약 옆집 아저씨가 자기 아들을 야단치는 장면을 아버지가 본다면, 설령 자기 아들이 큰 잘못을 했을지라도 아버지는 옆집 아저씨에게 도리어 크게 화를 낼 것입니다. 옆집 아저씨는 남의 집 자식이 잘못을 하면 그 아버지에게 따지고 일러줄 수는 있지만 직접 야단치거나 징계하는 것은 바른 예의가 아닙니다. 그러나 아버지는 아들이 실수하고 잘못할 때 마음껏 야단치고 징계할 수 있습니다. 왜냐하면 아들의 아버지이기 때문입니다. 그리고 아버지의 사랑으로 아들을 야단치고 징계하기 때문입니다.

수 년 전 여름 방학 때에 초등학교 6학년인 누나의 둘째 아들과 그 조카의 친가 쪽 친척인 초등학교 4학년인 사돈 조카가 캐나다에 어학

연수를 와서 우리 집에 약 3개월 정도 머물다가 간 적이 있었습니다. 그런데 연배가 비슷한 초등학생 남자 두 명을 몇 개월 동안 데리고 있는 것이 그리 쉬운 일은 아니었습니다. 게다가 두 아이가 티격태격하면서 싸울 때에는 참으로 난감했습니다. 하지만 싸움의 도가 너무 지나치다 싶을 때는 어쩔 수 없이 개입하여 중재하기도 하고 때로는 야단을 치기도 했습니다. 그런데 초등학교 4학년인 사돈쪽 조카는 누나의 둘째 아들보다 조금 어리다는 이유도 있었지만, 나하고는 아무런 혈연적인 관계가 없었기 때문에 마음대로 야단을 칠 수가 없었습니다. 그래서 어떤 문제가 발생하면 거의 대부분의 경우에 사돈쪽 조카보다 나이가 두 살이 더 많은 친조카를 불러서 야단을 치며 훈계를 했습니다.

그런데 하루는 친조카가 자기 혼자만 꾸중 듣는 것이 억울한지 사돈 조카가 더 많은 잘못을 했는데 왜 자기만 야단치느냐면서 큰 소리로 통곡하며 항의를 했습니다. 그 때 나는 친조카에게 이렇게 솔직하게 대답해 주었습니다. "너는 친누나의 아들이고 나하고 피가 섞인 내 친조카이지만 너보다 두 살 적은 너의 친척은 혈연적으로는 나하고 아무런 상관이 없는 사람이잖니. 그러니까 나하고 혈연적으로 남남인 너의 친척보다 나의 피붙이인 조카 너를 더 사랑하니까 내가 너를 더 많이 야단치는 거야."

사실 내가 친조카에게 한 이 말은 솔직하고 진실한 나의 마음이었습니다. 그러나 그 말의 이면에 숨겨진 또 다른 진실은 누나의 아들을 외삼촌인 내가 좀 심하게 야단을 치고 징계를 해도 나중에 별 문제가 생기지는 않지만, 나와 혈연적인 관계도 아닌 사돈집의 아들을 심하게 야단치고 징계하면 나중에 그 부모들로부터 항의와 원망을 들을까봐 두려웠다는 사실입니다. 친조카를 좀 심하게 야단치더라도 외삼촌이 조카를 훈계한 것으로 누나는 이해해 주겠지만, 사돈집의 아들을 혈연 적으로는 남인 내가 심하게 야단치면 그 부모는 절대로 그것을 용납하 지 못할 것입니다. 나는 이것이 부모의 마음이라고 생각합니다. 그래 서 아버지는 자기 아들이 잘못을 범하면 징계하고 야단칠 수 있지만 옆 집 아저씨가 그러면 큰일 나는 것입니다. 그 이유는 아버지와 아들은 부자 관계이지만 옆집 아저씨와 아들은 단순히 이웃관계이기 때문입니 다. 그리고 좀더 근본적인 이유는 아들을 향한 아버지의 사랑과 옆집 아저씨의 사랑이 본질적으로 다르기 때문입니다.

아들을 향한 아버지 사랑과 옆집 아저씨의 사랑이 다른 것처럼 아들 을 향한 아버지의 사랑과 외삼촌의 사랑도 사실은 본질적으로 다릅니 다. 그래서 아버지는 자기 아들을 야단치면서 때로는 사랑의 매를 들 수도 있습니다(물론 절대로 때리지 않고 말로 훈계하는 것이 가장 좋지 만). 그러나 외삼촌은 조카를 말로 야단칠 수는 있어도 때릴 수는 없 습니다. 외삼촌이 조카를 때리는 것은 그리 상식적인 행동도 아니고 바 람직한 모습도 아닙니다. 또한 아무리 외삼촌이라고 할지라도 부모들 이 자기 자식을 때리는 것을 절대로 용납할 수 없을 것입니다. 만약 남 동생이 내 아들이 뭔가를 잘못했다고 해서 때린다면 아무리 작은 아버지의 자격일지라도 나는 그것을 용납하기가 쉽지 않을 것 같습니다.

사실 아버지가 아들을 징계하는 것과 외삼촌이 조카를 징계하는 것은 본질적으로 다를 수 밖에 없습니다. 아버지가 아들을 때리는 것은 사랑의 매라고 할 수 있지만 외삼촌이 조카를 때리는 것은 그냥 매입니다. 물론 그 속에 외삼촌의 사랑이 담겨 있겠지만, 아버지의 사랑과 외삼촌의 사랑은 그 근본에서 분명한 차이가 있습니다. 그래서 나는 외삼촌으로서 친조카를 말로 야단칠 수는 있었지만 매를 댈 수는 없었습니다. 아무리 외삼촌일지라도 조카에게 매를 댄다면 누나는 절대로 그것을 용납하지 않을 것이라고 생각했기 때문입니다. 반대로 내 아들이 어떤 잘못을 했다고 해서 누나가 아들에게 매를 든다면 나 또한 그것을 용납할 수가 없을 것입니다. 그래서 나는 아들을 징계하듯이 조카를 징계할 수는 없었습니다. 왜냐하면 조카를 향한 나의 사랑은 외삼촌의 사랑이지 아버지의 사랑은 아니었기 때문입니다.

그러나 아버지는 아들을 마음껏(물론 이 말이 어떠한 폭력도 가능하다는 말은 절대 아닙니다) 징계할 수가 있습니다. 그래서 나는 아들이 정말 지독하게 말을 안듣는다 싶으면 가끔씩 어린 아들의 엉덩이를 몇 대씩 때리곤 했습니다(물론 사람들이 보고 있는 공적인 자리에서 그런 적은 한번도 없습니다. 만약 이 곳 캐나다에서 공개적인 장소에서 어린 아이에게 매질을 하면 바로 신고가 들어가서 경찰에 바로 잡혀가기 때문입니다. 그리고 이제는 초등학생이 되어 버린 아들을 절대로 때릴 수는 없습니다. 아들이 신고하면 바로 잡혀가기 때문입니다). 아버지가 아들을 때리며 징계하는 이유는 아들을 사랑하기 때문입니다. 아들이 성숙하고 사랑스러운 모습으로 바르게 잘 자라기를 바라는 사랑의 마음으로 아버지는 아들을 징계합니다. 다시 말해, 아들을 향한 징계는 아버지의 사랑의 매 입니다.

하나님 아버지께서도 그의 자녀들인 우리를 사랑하시기 때문에 때때로 우리를 징계하십니다. 하나님 아버지께서는 우리를 너무나도 사랑하시기 때문에 우리가 죄를 범할 때나 우리 고집대로 마음대로 행할 때에 우리를 고치고 바른 길로 가게 하기 위해서 우리를 아프게 채찍질하며 징계하십니다. 왜냐하면 우리는 하나님의 자녀이기 때문입니다. 만약 우리가 하나님의 자녀가 아니라면 하나님이 우리를 징계하실 필요가 없습니다. 그래서 히브리서 12장 6절은 우리가 하나님의 사랑하는 아들이기 때문에 하나님께서 우리를 징계하신다고 말씀합니다. 계속해서 히브리서 12장 7절은 하나님께서 우리를 아들처럼 대우하시기 때문에 우리를 징계하신다고 말씀합니다. 그러므로 우리는 하나님의 자녀이기 때문에 하나님께서 친아버지의 사랑으로 우리를 징계하시고 채찍질 하신다는 사실을 알아야 합니다.

옆집 아저씨는 내 아들이 아무리 방탕하게 살고 큰 잘못을 범할지라도 기본적으로 별 상관을 하지 않습니다. 도리어 개입하기를 꺼려할 것입니다. 왜냐하면 남의 아들 일이기 때문입니다. 또한 옆집 아저씨가 내 아들의 일에 개입하는 것에는 분명한 한계가 있습니다. 나도 내 아들이 아닌 옆집 아이가 어떤 심한 잘못을 한다고 해서 그 아이를 불러다가 야단치거나 때릴 수는 없습니다. 그리고 만약 그렇게 했다가는 그 아이의 부모로부터 큰 낭패를 당하게 될 것입니다. 그래서 친아버지가 아닌 옆집 아저씨는 아들이 어떤 잘못을 저질러도 상관하지 않고 그냥 내버려 둡니다. 그러나 친아버지는 아들이 잘못된 길로 가고 잘못된 행동을 할 때 그냥 내버려 둘 수가 없습니다. 아버지는 잘못을 범하는 아들을 야단치고 때리고 징계합니다. 왜냐하면 아버지의 아들이기 때문입니다. 그리고 아버지는 아들을 사랑하기 때문입니다. 그래서 히브리서 12장 8절은 아버지로부터 징계를 받지 않는 자는 사생자요 친아들이 아니라고 말씀합니다. 만약 우리가 어떤 심각한 잘못을 범하고 죄를 짓는데도 불구하고 하나님 아버지께서 우리를 징계하시지 않고 그냥 모른 체 하고 내버려 두신다면 우리는 하나님의 친아들이 아닌 것입니다.

이런 이야기를 읽은 적이 있습니다. 어릴 때 한국에서 미국으로 입양 온 한 청소년이 자기처럼 미국에 입양되어 주상원의원까지 지낸 어떤 분에게 찾아와서 자신의 미국인 양부모가 자기를 사랑하지 않는다는 하소연을 했습니다. 그래서 왜 그렇게 생각하느냐고 물으니까 자기 양부모님은 자기가 아무리 잘못을 하고 문제를 일으켜도 야단치거나 때리지 않기 때문이라고 대답했습니다. 그런데 이 입양아의 하소연이 참으로 공감이 됩니다.

자기가 낳은 자식과 입양한 자식을 함께 기르는 어느 어머니가 자기가 낳은 자식은 마음대로 때리겠는데 입양한 자식은 마음대로 때릴 수가 없다는 고백의 글을 읽은 적도 있습니다. 나는 이 어머니의 고백이 지극히 맞는 말이라고 생각합니다. 자기가 손수 낳은 자식은 마음껏 징계할 수가 있습니다. 그러나 남의 자식이나 입양한 자식은 마음대로 징계할 수가 없습니다. 그 이유는 사랑(뿐만 아니라 관계)의 근본이 다르기 때문입니다. 그래서 히브리서 12장 8절은 하나님 아버지의 징계를 받지 않는 자는 친아들이 아니요 사생자라고 말씀하는 것입니다.

로마서 1장 18-32절에 보면 하나님께서 사형당할 수 밖에 없는 죄를 짓고 있음에도 불구하고 그냥 내버려 두는 자들이 있다는 것을 알 수가 있습니다. 이렇게 불의와 악행을 범함에도 불구하고 하나님께서 그냥 내버려 두시는 자들은 참으로 불행한 사람들입니다. 왜냐하면 그들은 하나님의 참자녀가 아니기 때문입니다. 그래서 죄를 범하고도 하나님으로부터 징계를 받지 않는 사람들은 마치 부모로부터 버림받은 사생아와 같은 존재들입니다. 그러나 하나님은 사랑하는 친아들이 죄를 범할 때는 그냥 내버려두지 않고 징계하십니다. 그러므로 우리는 하나님의 징계와 채찍을 도리어 기뻐하고 감사해야 합니다. 하나님께서 징계와 채찍으로 우리에게 주신 고난과 고통은 우리를 사랑하시는 하나님 아버지의 사랑의 손길이라는 사실을 알아야 합니다. 그리고 이런 고난과 고통의 연단과 훈련 속에서 우리를 깨트림을 통해 우리에게 더 좋은 축복을 주시려는 하나님 아버지의 은혜의 손길임을 알고 도리어 기뻐하고 감사해야 합니다. 또한 우리가 죄를 범하고 육신의 길을 고집할 때 친아버지의 사랑으로 우리를 징계하시는 하나님이 우리 곁에 계심을 기뻐하고 감사해야 합니다. 왜냐하면 우리가 당하는 징계의 고난과 고통은 하나님 아버지의 사랑의 손길이기 때문입니다.

제5부

사랑을 먹고 자라는 꽃

01
세상 속에서 혼자라고 느낄 때

"강하고 담대하라 두려워하지 말며 놀라지 말라 네가 어디로 가든지
네 하나님 여호와가 너와 함께 하느니라" _ 수1:9

아들이 잘 넘어지지 않고 뛰어 다닐 정도로 자라자 집 근처에 있는
동네 놀이터에 자주 데리고 갔습니다. 하지만 놀이터는 아직 어리고 미
숙한 아들이 안전하게 놀기에는 여러 가지 위험 요소가 많은 곳이었습
니다. 그래서 그네를 탈 때나 미끄럼틀을 탈 때에는 언제나 곁에 지키
고 서서 사고를 당하지 않도록 돌보아 주어야만 했습니다. 특별히 철
제 계단을 올라간다든지 줄사다리를 타고 높은 곳으로 올라갈 때에는
혹시 떨어질지도 모르는 만약의 사태에 대비해 바로 옆이나 밑에서 잠
시도 한눈 팔지 않고 아들을 지키고 있어야만 했습니다. 이렇게 놀이
터에서 뛰어 노는 어린 아들 옆에서 일 분 일 초도 떠나지 않고 언제나
아들을 지켜 보아야만 하는 것이 아버지의 중요한 역할 중의 하나였습
니다. 아들에게서 잠시도 눈을 떼지 않고 지켜 보는 것은 쉬운 일이 아

니었지만, 그래도 놀이터에서 즐겁고 행복하게 뛰어 노는 아들을 바라보는 아버지의 마음은 참으로 즐겁고 행복했습니다.

그런데 놀이터에서 재미있게 놀다가 집으로 돌아올 때가 언제나 문제였습니다. 만족할 만큼 충분히 뛰어 논 것 같아서 집으로 돌아 가려고 하면 아들은 언제나 가지 않겠다고 버티었습니다. 장시간 동안 뛰어 놀아 지칠 만도 한데 아들은 집에 가지 않고 더 놀겠다고 고집을 부렸습니다. 다음에 와서 또 재미있게 놀자고 달래도 안되고 그냥 버리고 가겠다고 엄포를 놓아도 소용이 없었습니다. 이렇게 달래도 안되고 야단을 쳐도 안될 때면 최후의 수단으로 아들을 놀이터에 남겨 둔 채 혼자 집으로 가버리는 척 하면서 아들 곁을 떠나 버렸습니다. 그러면 아버지가 혼자 가버리는 것에 놀란 아들은 처음에는 겁먹은 표정으로 나를 따라 옵니다. 그러나 눈치 빠른 아들은 돌아가는 분위가 아버지가 자기를 완전히 버려두고 가지 않을 것 같은 낌새가 들면 다시 놀이터로 달려가 버렸습니다. 아들과 이런 피곤한 실랑이를 반복하다가 결국 마지막으로 꺼내 드는 카드는 정말로 집으로 가버리는 척하면서 나무 뒤에나 휴지통 뒤에 숨어 버리는 것이었습니다.

계속해서 더 놀겠다고 고집부리는 아들을 버려둔 채 정말로 집에 간다고 엄포를 놓으면서 아들을 홀로 내버려 둔 채 가버립니다. 그러나 이전의 몇 번의 경험을 통해 아버지가 자기를 완전히 버려두고 떠나지는 않을 것이라는 것을 아는 아들은 아버지의 위협에는 아랑곳하지 않고 자기 하고 싶은 데로 놀이터에서 신나게 뛰어 놉니다. 그러면 아들에게 정말로 나 혼자 집으로 가겠다는 엄포를 하고는 아들 곁을 떠나 버립니다. 하지만 아버지인 나는 결코 아들을 혼자 버려둔 채 집으로 가지는 않습니다. 아버지는 절대로 어린 아들을 위험 가운데 혼자 내 버려두고 떠날 수는 없습니다. 단지 그냥 집으로 가는 척하면서 나무 나 휴지통 뒤에 숨어 버릴 뿐입니다. 그렇게 멀찍이 숨어서 아들의 모습을 계속해서 지켜 보는 것입니다.

아버지가 사라진 줄도 모르고 몇 분 정도 정신없이 뛰어 놀던 아들은 문득 아버지가 자기 곁에 없다는 사실을 발견합니다. 그리고는 놀라서 주변을 두리번거리며 아버지를 애타게 찾기 시작합니다. 그렇게 아버지를 애타게 찾으며 부르는데도 아버지가 나타나지 않으면 그때서 야 정말 아버지가 가버렸다는 것을 깨닫고는 큰 소리로 울기 시작합니다. 아버지가 곁에 없는 아들은 어디로 가야 할지 갈 바를 알지 못한 채 이리저리 방황하면서 계속해서 아빠를 애타게 부르며 큰소리로 웁니다. 아들은 아버지가 정말로 자기를 떠나 버렸다는 공포감과 외로움 속에서 눈물 흘리며 큰 소리로 아빠를 애타게 찾는 것입니다. 그러나 아버지는 결코 아들을 혼자 내버려둔 채 아들 곁을 떠나지 않습니다. 단지 사라진 척하면서 가까운 곳에 숨어 아들의 모든 것을 다 지켜 보고 있을 뿐입니다. 그렇게 숨어서 아들의 일거수 일투족을 지켜보다가 아들의 울음 소리가 심각할 정도로 커지면서 아들의 공포감이 도를 넘 는다 싶으면 그때서야 아버지는 아들의 이름을 부르며 아들에게로 달려갑니다. 그리고는 슬픔과 공포 속에 울고 있는 아들을 두 손으로 껴안고 따뜻한 가슴에 품어 줍니다.

아버지는 절대로 아들을 위험과 공포 속에 버려둔 채 아들 곁을 떠나지는 않습니다. 단지 아버지의 말을 잘 듣지 않고 제 멋대로 행동하는 아들을 교육시키고 훈련시키기 위해 아들을 잠시 내버려 둘 뿐입니다. 그리고 그렇게 아들을 잠시 내버려 두는 동안에도 아버지는 아들이 보지 못하고 알지 못하는 가까운 곳에 숨어서 아들의 모든 것을 다 지켜보고 있는 것입니다. 혹시 크게 넘어져 다칠까봐, 아니면 누군가에게 해를 입을까봐 염려하면서 아버지는 가까운 곳에 숨어서 아들의 모든 행동을 단 일 초도 한 눈 팔지 않고 주의 깊게 지켜보고 있는 것입니다.

우리를 향한 하나님 아버지의 모습도 이와 같습니다. 하나님 아버지께서는 그의 자녀들인 우리 곁을 결코 떠나지 않으십니다. 하나님께서는 택한 자녀들로 부른 하나님의 백성들을 절대로 버리지 않으십니다. 그럼에도 불구하고 그리스도인들이 때로는 하나님께 버림받았다는 생각을 가질 때가 있습니다. 지금 내가 처한 환경과 상황이 너무나도 힘들고 어렵고 괴로워서 죽고 싶은데 하나님께서는 전혀 도와주시지도 않고 간섭 하시지도 않고 그냥 나를 버려둔 채 떠나가 버렸다는 생각이 들 때가 있습니다. 그럴 때면 우리는 하나님으로부터 버림받았다는 느낌을 갖게 됩니다. 그래서 우리는 "내 하나님이여 내 하나님이여 어찌하여 나를 버리셨나이까 어찌 나를 멀리하여 돕지 아니하시오며 내 신음소리를 듣지 아니하시나이까"(시22:1)라고 울부짖습니다. 그러나 우리가 분명히 기억해야 할 것은 하나님께서는 절대로 그의 자녀들인 우리를 버리지도 떠나지도 않으신다는 사실입니다.

하나님께서는 단지 때와 필요를 따라 우리를 훈련시키고 연단시키기 위해 잠시 동안 우리를 고통과 고독 속에 내버려 두시는 것뿐입니다. 우리를 철저히 낮추신 후에 다시 높이기 위해, 혹은 우리를 극도의 어려움 속에 떨어지게 만든 후에 하나님의 은혜만을 붙들 수 있는 자리로 나아가도록 하기 위해 의도적으로 우리를 잠시 내버려 두시는 것입니다. 이것을 로이드 존스 목사님은 '거룩한 유기'라는 말로 표현했습니다. 아버지가 말을 안듣고 고집부리며 혼자 뛰어 놀고 있는 아들을 버려둔 채 가까운 곳에 숨어서 아들의 모든 행동을 관찰하며 지켜보듯이 하나님 아버지께서도 자녀들인 우리를 완전히 버려두고 떠나시는 것이 아니라 단지 우리가 볼 수 없는 곳에서 우리를 계속해서 관찰하며 지켜보고 계신 것입니다. 혹시 너무 크게 상하고 다치지는 않을지 혹은 고통과 괴로움이 너무 커서 마귀에게 완전히 사로 잡혀 버릴지는 않을지 걱정하시면서 언제든지 도움의 손길이 닿을 수 있는 곳에 숨어 우리를 계속해서 지켜보고 계신 것입니다. 그래서 이사야는 "구원자 이스라엘의 하나님이여 진실로 주는 스스로 숨어 계시는 하나님이시니이다"(사45:15)라고 말씀합니다. 하나님이 주이심을 열방이 깨닫고 돌아올 때까지 하나님은 스스로를 숨기고 계십니다. 이렇게 숨어 계신 하나님은 우리가 어느 정도 연단받고 훈련받아 성숙해 진 후에 하나님 아버지께로 다시 돌아 올 수 있도록 잠시 동안만 우리를 그냥 내버려 두시는 것입니다. 이것이 우리를 향한 하나님 아버지의 '거룩한 유기' 입니다.

하나님 아버지께서는 우리가 어디를 가든지 항상 우리와 함께 하십니다(수1:9). 또한 하나님께서 절대로 우리를 떠나지 아니하시며 버리지 아니하신다고 약속합니다(신31:6). 그리고 예수님께서도 세상 끝날까지 우리와 함께 하시겠다고 약속하셨습니다(마28:20). 그러므로 우리가 어느 곳에서 어떤 모습으로 있을지라도 하나님 아버지께서 우리와 함께 하신다는 사실을 믿어야 합니다. 시편 기자는 "내가 하늘에 올라갈지라도 거기 계시며 스올에 내 자리를 펼지라도 거기 계시니이다 내가 새벽 날개를 치며 바다 끝에 가서 거주할지라도 거기서도 주의 손이 나를 인도하시며 주의 오른손이 나를 붙드시리이다"(시139:8-10)고 노래했습니다. 그러므로 하나님께서 언제 어디서나 항상 우리와 함께 하신다는 것을 믿는 그리스도인은 어떠한 형편과 처지 속에 있을지라도 두려워하거나 놀라지 않습니다. 왜냐하면 하나님께서 바로 곁에서 도움의 손길을 펼 준비를 언제나 항상 하고 계시다는 것을 알기 때문입니다.

하나님 아버지는 우리가 어디에서 어떤 모습으로 있을지라도 언제나 우리와 함께 하십니다. 하나님 아버지께서는 결코 우리 곁을 떠나지도 않으시고 우리를 버리지도 않으십니다. 예수님께서 십자가 위에서 "나의 하나님 나의 하나님 어찌하여 나를 버리셨나이까"라고 울부짖을 때에도 하나님 아버지는 결코 독생자 예수님을 떠나거나 버리지 않으셨습니다. 단지 하나님의 자녀들인 우리에게 영원한 생명을 주시기 위해 맏아들의 고통과 눈물을 잠시 외면하셨을 뿐이었습니다. 하나님 아버지는 그의 자녀들인 우리를 살리시기 위해 맏아들 예수님을 눈물과 울부짖음 속에 잠시 내버려 두셨던 것뿐이지 결코 독생자를 버리고 떠나신 것이 아니었습니다. 아버지가 놀이터에서 아들의 눈물과 울부짖음을 잠시 외면하면서도 끝까지 아들을 떠나지 않고 가까이에 숨어서 아들의 모든 것을 다 지켜 보았던 것처럼 하나님 아버지께서도 예수님 곁에서 독생자의 모든 고통과 눈물을 다 지켜보고 계셨던 것입니다. 아버지는 절대로 아들을 떠나거나 버리지 않습니다. 그러므로 우리는 하나님 아버지께서 우리를 버렸다거나 우리 곁에 계시지 않는다는 생각을 결코 해서는 안됩니다. 하나님 아버지는 잠시도 우리 곁을 떠나지 않으시고 언제 어디서나 항상 우리와 함께 계시고 우리와 동행하십니다.

174

02
마지막 하나까지 아낌없이

"너희가 악한 자라도 좋은 것으로 자식에게 줄 줄 알거든
하물며 하늘에 계신 너희 아버지께서 구하는 자에게 좋은 것으로
주시지 않겠느냐" _ 마 7:11

　어렸을 때는 생선 머리가 맛있다면서 머리만 드시고 생선 살을 모두
발라 아들에게 주시던 어머니가 이해가 되지 않았습니다. 왜 아들에게
생선 살을 다 발라 주시는 것인지가 이해 안 된 것이 아니라, 왜 맛없는
생선 머리를 좋아하시는지가 이해가 되지 않았습니다. 그 때는 어머니
가 정말로 생선 살보다는 머리를 좋아하시는 줄로 생각했습니다. 아들
을 사랑하기 때문에 자신은 생선 머리를 드시고 살은 모두 발라서 아들
에게 준다는 것을 그 당시에는 깨닫지 못했습니다. 아들에게 모든 좋은
것을 주고 싶어하는 어머니의 사랑의 마음을 헤아리지 못했습니다.
　어린 시절 밤 늦게 들어오신 아버지께서 맛있는 것을 사가지고 왔다
면서 곤히 자고 있는 아들을 깨우는 경우가 가끔 있었습니다. 그러나

나는 깊은 잠을 자다가 한 밤중에 홍두깨 식으로 일어나는 것이 너무나도 괴로웠습니다. 아무리 맛있는 음식이 눈 앞에 기다리고 있을지라도 한 밤중에 곤히 자고 있는 아들을 억지로 깨우는 아버지가 너무나도 싫었습니다. 그래서 투정을 부리고 울면서 아버지가 억지로 먹이는 과자나 아이스크림을 먹었습니다. 그렇게 먹다보면 아버지께서 가지고 오신 간식들이 너무 맛있어서 흐르던 눈물이 어느새 사라지곤 했습니다. 그러나 그 당시에는 곤히 자고 있는 아들을 억지로 깨우는 것이 맛있고 좋은 것으로 아들을 먹이고 싶어 하는 아버지의 사랑이라는 것을 깨닫지 못했습니다.

이 세상의 모든 부모들은 자기 자식에게 모든 좋은 것을 다 주기 원합니다. 자식에게 필요한 모든 것을 다 채워주기 원합니다. 아버지가 되어 아들을 기르면서 아버지는 아들에게 모든 것을 다 주어도 아까워하지 않는다는 것을 알게 되었습니다. 아버지는 아들에게 모든 좋은 것을 다 주고 싶어합니다. 아버지가 가진 모든 것을 아들에게 주고 싶어하는 것이 아들을 향한 아버지의 사랑이요 마음입니다. 그러나 때로는 아버지가 아들에게 모든 것을 다 주고 싶어도 주지 못할 때가 있습니다. 왜냐하면 아들이 좀 더 자라고 성숙해질 때까지 기다려야만 하기 때문입니다. 그래서 아버지는 아들이 아무리 떼를 써도 주지 못하고 때가 될 때까지 기다려야 하는 경우가 많이 있습니다. 그러나 어린 아들은 이런 아버지의 속마음을 헤아리지 못하고 자신이 원하는 것을 주지 않는다고 계속해서 떼를 쓰며 통곡을 합니다.

　한번은 칼로 박스를 자르는 것을 본 어린 아들이 그 칼을 가지고 놀고 싶은지 자기에게 한번만 달라고 졸랐습니다. 그러나 나는 그 칼이 어린 아들에게 아주 위험하다는 것을 알기 때문에 결코 줄 수가 없었습니다. 하지만 아직 사리분별을 못하는 아들은 단지 자기가 원하는 것을 갖고 싶은 마음에 계속해서 떼를 쓰며 징징거렸습니다. 그러나 칼의 치명적인 위해성을 아는 아버지는 아들이 아무리 울고불고 떼를 쓸 지라도 그것을 아들에게 줄 수가 없습니다. 아들이 그 칼을 능숙하고 안전하게 다룰 수 있을 만큼 성숙하게 자랄 때까지 기다려야만 합니다.

　하나님 아버지께서도 때로는 우리가 아무리 간절하게 구할지라도 당장 주시지 않고 기다리게 하실 때가 있습니다. 그 이유는 하나님 아버지께 구하는 것을 받을 수 있을 만큼 우리가 아직 영적으로 성숙하게 준비되지 않았거나 혹은 우리가 구하는 것이 아직 우리에게 필요한 것이 아니기 때문입니다. 그래서 하나님께서는 우리의 신앙과 인품이 자라고 성숙해 질 때까지 기다리십니다. 하나님의 응답의 축복을 능히 담을 수 있는 깨끗하고 거룩한 그릇으로 준비될 때까지 기다리십니다. 그러므로 우리는 하나님 앞에 겸손히 엎드려 준비하면서 하나님의 때를 기다려야 합니다.

　아버지는 아들에게 모든 좋은 것을 다 주고 싶어할 뿐 아니라 가장 좋은 것을 주기 원합니다. 언젠가 한번은 아들이 좋아하는 토마스 기차 레고를 사기 위해 레고 전문점에 간 적이 있습니다. 많은 종류의 기차 레고가 있었는데 그 중에서도 토마스 기차 레고 세트가 가장 비쌌습니다. 하지만 아들에게 가장 좋은 것을 사주고 싶은 아버지의 마음에 아들에게 가장 비싼 토마스 기차 레고 세트를 사주려고 했습니다. 그런데 그때 겨우 두 살밖에 안되었던 세상 물정 모르는 어린 아들은 아버지가 사주려고 하는 것의 반 값밖에 안되는 다른 기차 세트를 붙잡은 채 그것을 사겠다고 고집을 부렸습니다. 아버지가 사주려고 하는 가장 비싸고 좋은 것을 외면한 채 가격이 훨씬 싼 기차 세트를 굳이 사겠다면서 아들은 울며 불며 고집을 부렸습니다. 그런데 아들이 떼를 쓰며 고집을 부리는 이유를 가만히 살펴 보니, 아들이 사고 싶어 하는 기차 세트의 포장박스에는 토마스 기차와 비슷하게 생긴 에드워드라는 기차가 여러 개 그려져 있었습니다. 그러나 에드워드 기차 세트보다 부피가 두 배나 더 큰 토마스 기차 세트의 포장박스에는 기차 그림이 하나밖에 없었습니다. 그래서 정확한 사리분별을 하지 못하는 어린 아들은 포장박스에 기차가 하나 밖에 안 그려진 토마스 기차 레고 세트보다는 포장박스에 기차가 많이 그려진 에드둬드 기차 레고 세트를 사고 싶어서 울며 불며 고집을 부렸던 것이었습니다.

가장 비싸고 좋은 것을 아들에게 사주고 싶어하는 아버지의 사랑의 마음을 헤아리지 못한 채 자기가 원하는 것을 움켜 잡고 그것을 **빼앗**기지 않으려고 울며 소리치는 철없는 행동이 바로 미성숙한 어린 아들

178

의 모습입니다. 그런데 나는 어린 아들의 이런 어리석은 모습을 바라보면서 영적으로 어리고 어리석은 나의 모습을 발견했습니다. 나에게 가장 좋은 것, 가장 최선의 것을 주기 원하시는 하나님 아버지의 사랑과 마음을 헤아리지 못한 채 때때로 나의 욕심과 욕망을 따라 하나님 앞에서 고집 부리고 떼를 쓰는 모습이 영적으로 어린 아이와 같다는 것을 깨달았습니다. 그러면서 동시에 영적으로 철없는 어린 아이 같은 나를 절대 포기하지 않으시고 끝까지 인도해주시고 돌보아 주시는 하나님 아버지의 크고 깊은 사랑과 따뜻한 마음을 깨달았습니다.

아들이 떡을 달라고 하는데 돌을 주고 생선을 달라고 하는데 뱀을 줄 아버지는 이 세상에 아무도 없습니다. 도리어 아버지는 아들이 달라고 하는 떡보다 생선보다 더 좋고 귀한 것을 아들에게 주고 싶어 합니다. 이것이 모든 아버지의 마음입니다. 그래서 예수님은 "너희가 악한 자라도 좋은 것으로 자식에게 줄 줄 알거든 하물며 하늘에 계신 너희 아버지께서 구하는 자에게 좋은 것으로 주시지 않겠느냐"(마7:11)고 말씀하셨습니다. 악한 죄인인 우리도 아버지이기 때문에 아들에게 가장 좋은 것을 주고 싶어하는데 그 분의 자녀들인 우리를 향한 하나님 아버지의 마음은 어떠하시겠습니까?

우리는 하나님을 아바 아버지라고 부릅니다. 하나님의 성별이 남성이기 때문이 아닙니다. 하나님께서는 아버지라는 호칭을 통해 가장 귀하고 좋은 것을 우리에게 주고 싶어하시는 하나님의 무한한 사랑을 드러내고 계신 것입니다. 그 하나님 아버지께서 우리를 위해 독생자까지도 아낌없이 내어 주셨습니다. 우리를 위해 가장 귀한 독생자 예수님을 희생하신 하나님께서 우리에게 가장 좋은 것을 주시기 않겠습니까? "자기 아들을 아끼지 아니하시고 우리 모든 사람을 위하여 내어 주신 [하나님께서] 어찌 그 아들과 함께 모든 것을 우리에게 주시지 [아니하겠습니까?]"(롬8:32). 그러므로 우리는 아무 것도 염려하지 말고 기도와 간구로 우리의 구할 것을 감사함으로 하나님 아버지께 아뢰어야 합니다.

03

아들바보 춤

"나를 사랑하는 자는 내 아버지께 사랑을 받을 것이요" _ 요14:21

나는 결혼하여 아이를 낳아 길러 보기 전까는 사실 아이들을 별로 좋아하지 않았습니다. 그래서 다른 집 아이들을 사랑스럽게 안아 주거나 아이들과 재미있게 놀아 주는 경우가 별로 없었습니다. 도리어 아이들을 귀찮아 하고 또 아이들이 많은 집에 가면 너무 시끄럽고 정신이 없어서 속으로 은근히 짜증이 나기도 했습니다. 그리고 예배 시간이나 성경 공부 시간에 시끄럽게 떠들며 뛰어다니는 아이들을 마냥 방치하는 부모들이 참으로 이해가 되지 않았습니다. 그래서 마음 속으로 "부모들이 자식들 교육을 어떻게 이렇게 엉망으로 하지"라고 투털거리면서 부모들 대신 내가 직접 나서서 교회 안에서 소란을 부리며 뛰어다니는 아이들을 따끔하게 야단치면서 엄격하게 통제를 하곤 했습니다.

그리고 총각 때에는 아기들의 외모에 대해서 굉장히 엄격하고 냉정하게 판단을 했습니다. 내가 보기에 정말 예쁘고 귀엽게 생긴 아기가 아니면 좀처럼 예쁘다거나 귀엽다는 칭찬을 해주지 않았습니다. 게다가 별로 귀엽지도 않고 일반적으로 보기에 좀 못생겨 보이는 아이를 보면, 진담 반 농담 반으로 이런 우스개 소리를 하곤 했습니다. 남자인 경우에는 "그 놈 참 개성있게 생겼네," 여자인 경우에는 "아가야, 너 앞으로 공부 열심히 해야겠다"라는 농담을 아기의 부모 앞에서 했습니다. 그런데 지금 돌이켜 생각해 보니, 내가 그 아기들의 부모들에게 너무나도 큰 실례를 범했던 것 같습니다. 나의 장난어린 농담을 들은 부모들이 그 순간에 나에게 가졌을 마음을 생각하면 정말 몸 둘 바를 모르겠습니다. 왜냐하면 그 당시의 나의 뼈있는 농담이 부모들의 마음에 얼마나 큰 상처와 분노를 일으켰을 지를 아버지가 된 지금은 너무나도 잘 알기 때문입니다. 결혼하여 아들을 낳아 기르면서 내 아들을 귀여워해 주고 예뻐해 주고 사랑해 주는 사람이 제일 사랑스럽다는 것을 알게 되었습니다. 그리고 내 아들에 대해 부정적이고 나쁜 소리를 하는 사람은 정말로 싫고 미워보인다는 사실도 알게 되었습니다.

돌이 조금 지난 아들을 데리고 한국인이 경영하는 컴퓨터 가게에 물건을 사러 간 적이 있었습니다. 그런데 그 곳에서 처음 만난 낯선 한국인 아줌마가 아들을 보면서 "아빠하고 완전히 판박이구나"라며 감탄했습니다. 그렇게 감탄사를 연발하면서 계속 아들과 나의 닮은꼴을 신기해 했습니다. 아들을 낳은 후에 붕어빵같이 닮았다는 소리를 귀가 아프도록 들어 왔던 터라 의례히 하는 말로 듣고 넘겼습니다. 그런데 닮았다는 말에 이은 그 아줌마의 가시돋힌 말에 울화가 치밀어 올랐습니다. 가게에서 처음 만나 그 아줌마는 아들이 아빠하고 너무 닮았다는 말을 감탄스럽게 한 후에 의미심장한 표정으로 아들을 물끄러미 쳐다보면서 이렇게 말했습니다. "우리 딸도 너만했을 때는 참 못생겼었는데, 크니까 괜찮아 지더라. 그러니 너도 너무 걱정하지마."

나는 그 이상한 아줌마의 예상치 못한 말에 너무나도 큰 충격을 받았습니다. 그리고 생전 처음 보는 남의 아기에게 그런 무례한 말을 하는 아줌마(내가 보기에 진짜 못생긴)가 도저히 이해가 되지 않았습니다. 또한 내가 보기에는 우리 아들만큼 잘 생긴 아기가 별로 없는 것 같은데, 그런 멋진 아들을 향해 못생겼다고 말하는 그 정신나간 아줌마의 안목이 도저히 이해가 되지 않았습니다. 그리고 목사만 아니라면 그 아줌마를 향해 "무슨 말도 안되는 헛소리를 하느냐"고 소리 지르고 싶었습니다. 아들을 향해 못 생겼다고 말하는 그 아줌마가 나는 정말로 너무나도 싫고 미웠습니다. 그리고 마음 속에서 분노가 솟아 올랐습니다. 그러면서 내가 총각이었을 때 남의 집 아기들에게 장난 삼아 했던 나쁜 농담들이 생각나서 등골이 오싹해졌습니다. 그 때 그 아기들의 부모들이 자기 자식을 향해 못 생겼다는 말을 농담 식으로 은근히 돌려 말하는 나를 향해 속으로 얼마나 욕하며 분노했을까를 생각하니 등뼈가 녹아 내리는 듯 했습니다. 내 아들을 향해 못생겼다고 말하는 그 낯선 아줌마를 향해 내가 품고 있는 그 분노와 동일한 마음을 그때 그 부모들이 나에게 품었을 것이라고 생각하니 온 몸의 털이 쭈빗 솟는 느낌이었습니다. 그리고 뒤늦게나마 그들에게 참으로 미안하고 죄송한 마음이 들었습니다. 그런 경험을 하면서 아버지는 아들을 사랑하는 사람을 사랑하고 아들을 미워하는 사람을 미워한다는 사실을 깨달았습니다.

예수님은 "나를 사랑하는 자는 내 아버지께 사랑을 받을 것이요"(요 14:21)라고 말씀하셨습니다. 하나님의 사랑을 받기 위해서는 예수님을 사랑해야 한다는 말입니다. 다른 말로 표현하면, 하나님 아버지께서는 예수님을 사랑하는 자를 사랑하십니다. 왜냐하면 예수님은 하나님 아버지께서 우리를 구원하기 위해 이 땅에 보내신 하나님의 아들이시기 때문입니다. 예수님은 하나님께서 주신 생명과 죽음의 권세를 가지고 이 땅에 오신 하나님의 아들이시기 때문에 예수님을 사랑하는 자를 하나님께서 사랑하시는 것입니다. 그리고 우리가 정말로 하나님을 사랑한다면 그의 독생자 예수 그리스도를 사랑해야만 하는 것입니다. 즉 아들이신 예수님을 사랑하는 것이 곧 아버지 하나님을 사랑하는 것입니다. 그러므로 "아들이신 예수님을 사랑하는 자를 아버지 하나님께서 사랑하신다"는 말은 "아들이신 예수님을 사랑하는 자는 하나님 아버지를 사랑하는 자이다"는 말과 동일한 의미라고 할 수 있습니다. 반대로 말하면, "아들이신 예수님을 미워하는 자는 하나님 아버지를 미워하는 자이다"는 의미 입니다. 그래서 예수님은 "나를 미워하는 자는 또 내 아버지를 미워하느니라"(요15:23)고 말씀하셨습니다.

실제로 아들을 길러 보니까 나를 좋아하고 사랑하는 사람은 나의 아들도 좋아해 주고 사랑해 주는 것을 발견할 수가 있었습니다. 그러나 나를 별로 좋아하지 않는 사람은 나의 아들도 별로 좋아하지 않았습니다. 나를 싫어하고 미워하는 사람은 나의 아들도 싫어하고 미워했습니다. 하지만 나를 귀하게 여기고 사랑하는 사람은 나의 아들도 귀하고 여기고 사랑했습니다. 이처럼 하나님을 사랑하는 자는 하나님의 독생자 예수님을 사랑합니다. 그리고 하나님의 아들 예수님을 사랑하는 것은 곧 하나님 아버지를 사랑하는 것이 되는 것입니다. 또한 하나님 아버지도 독생자 예수님을 사랑하는 자를 사랑하십니다. 그러므로 우리는 하나님의 아들이신 예수님을 사랑해야만 합니다. 왜냐하면 아들을 사랑하는 것이 아버지를 사랑하는 것이기 때문입니다.

　예수님은 "아들을 공경하지 아니하는 자는 그를 보내신 아버지를 공경하지 아니하느니라"(요5:23)고 말씀하셨습니다. 즉 하나님의 아들 예수님을 공경하지 않는 자는 예수님을 보내신 하나님 아버지를 공경하지 않는 것입니다. 그러므로 우리는 아들이신 예수님을 공경하는 것이 하나님 아버지를 공경하는 것이고 아들이신 예수님을 공경하지 않는 것이 곧 아버지이신 하나님을 공경하지 않는 것이라는 사실을 알 수 있습니다. 하나님께서는 아들이신 예수님이 아버지와 동일하게 공경 받기를 원하십니다. 그러므로 아들이신 예수님을 공경하지 않는 사람은 아버지 하나님을 공경하지 않는 것입니다. 그리고 하나님 아버지는 아들이신 예수님을 공경하지 않는 사람을 공경하지 않으십니다. 이 말은 결국 하나님 아버지는 아들이신 예수님을 사랑하는 자를 사랑하신다는 말과 동일한 것입니다. 결론적으로 말해, 아들이신 예수님을 사랑하는 자는 하나님 아버지를 사랑하는 것이고 또한 아들이신 예수님을 사랑하는 자를 하나님 아버지께서 사랑하십니다. 그러므로 온 세상과 세상의 모든 사람들이 사랑하고 공경해야 할 이름은 바로 하나님의 아들 예수 그리스도 입니다. 하나님의 사랑을 받기 원하십니까? 그렇다면 하나님의 아들이신 예수님을 사랑하시기 바랍니다.

04
사랑하는 자만이 기다린다

"이에 일어나서 아버지께로 돌아가니라 아직도 거리가 먼데 아버지가
그를 보고 측은히 여겨 달려가 목을 안고 입을 맞추니" _ 눅15:20

초등학교 3학년 무렵에 한나절 동안 가출했던 적이 있습니다. 안방
장롱 속에 있던 제법 많은 돈이 없어졌는데 그 돈을 훔쳐간 범인으로
내가 의심을 받게 되었습니다. 물론 나중에 누나의 친구가 우리 집에서
놀다가 훔쳐갔다는 것이 밝혀졌지만, 진실이 밝혀지기 전까지는 사라
진 돈을 훔쳐간 범인으로 내가 가장 먼저 의심을 받게 되었습니다. 물
론 내가 그 돈을 훔쳐간 가장 유력한 범인으로 의심을 받은 데에는 나
름대로의 이유가 있었습니다. 그 사건이 일어나기 약 1년 전인 초등학
교 2학년 무렵에 장롱 이불 속에 깊숙이 들어 있던 엄마의 지갑에서 동
전 몇 개를 훔쳐 그 당시 초등학생들이 가지고 놀던 동그란 딱지를 산
적이 있었습니다. 그런데 한 두 번이 아니라 여러 번 그런 짓을 하다가
엄마에게 발각이 되어 크게 혼이 났던 적이 있었습니다. 그런 전력이

있는지라 돈을 분실한 사건이 발생하자 억울하게도 나는 온 가족들로부터 잃어버린 돈을 훔쳐간 확실한 범인으로 지목을 받게 되었습니다.

초등학교 3학년에게는 굉장히 큰 그 돈을 정말로 훔쳐 가지 않았기 때문에 절대로 내가 범인이 아니라고 항변을 했지만 모든 가족들이 내 말을 믿지 않는 분위기였습니다. 게다가 부모님은 맏아들의 진심을 믿어주지 않은 채 끝까지 나를 의심하고 추궁하면서 다음 날까지 돈을 제자리에 조용히 가져다 놓으면 용서해 주겠다고 구슬리기까지 했습니다. 이렇게 나의 결백을 믿어주지 않는 가족들이 너무나도 원망스러웠습니다. 특별히 맏아들의 진심을 믿어주지 않고 완전히 나를 범인으로 단정해 버리는 부모님이 정말로 원망스러웠습니다. 그리고 아무런 잘못을 하지 않았음에도 불구하고 그런 치욕스러운 의심을 받는다는 사실이 너무나도 원통하고 억울했습니다. 그래서 그 다음날 나는 이런 원통함과 서운함을 가슴에 안고 돈을 조용히 가져다 놓는 대신에(물론 훔치지도 않았으니 돌려 줄 돈도 없었지만) 아침 일찍 일어나 조용히 집을 나와 버렸습니다. 집을 나올 때의 나의 마음에는 "어디 아들없이 한번 잘 살아 봐라"하는 원망어린 객기가 담겨 있었습니다. 이렇게 아침 일찍 집을 빠져 나온 나는 하루 종일 먹지도 못한 채 시내 여기 저기를 승냥이처럼 돌아 다녔습니다. 그러나 나중에는 너무나도 허기지고 지쳐서 결국 저녁 무렵에 집으로 다시 돌아오게 되었습니다.

집으로 돌아오는 나의 심정이 아버지의 재산을 허랑방탕하게 탕진한 후 아버지에게로 다시 돌아오는 탕자만큼 비참하고 초라하지는 않았겠지만, 그래도 나의 마음은 무척이나 초라하고 비참했습니다. 굳은 마음을 먹고 결행한 가출을 하루도 못 넘긴 채 한나절 만에 지치고 배고픈 모습으로 백기를 들고 집으로 돌아가는 나의 발걸음은 참으로 무거웠습니다. 그렇게 천근 만근 무거운 발을 끌고 해가 막 떨어져 어둑어둑해진 저녁 무렵에 집 부근까지 온 나는 쉽게 집쪽으로 발길을 옮기지 못하고 멀리서 서성거리며 집안의 분위기를 살폈습니다. 그런데 집 앞 계단에 앉아 흐느끼고 계시는 어머니와 근심스러운 눈으로 집 앞에서 불안하게 서성거리는 아버지의 모습이 저 멀리 흐릿한 어둠 속에서 보였습니다. 그렇게 집 앞에서 혹시 돌아 올지도 모를 아들을 기다리고 계시는 어머니와 아버지를 보는 순간 마음이 찡하여 눈에서 눈물이 핑 돌았습니다. 그리고 이내 마음이 괜히 서럽고 아파서 훌쩍훌쩍 울었습니다. 그런데 멀리서 훌쩍거리는 나의 모습을 발견한 아버지는 나의 이름을 부르면서 달려와서 나를 와락 껴안았습니다. 그리고 나는 아버지의 따뜻한 품에 안겨 마음껏 울었습니다. 그러나 그 이후로 나는 그 때 집 나간 아들을 기다리던 아버지의 마음이 어떠했을까 하는 생각을 한번도 진지하게 해 본적이 없었습니다. 그런데 내가 아버지가 되어 밤 늦게까지 집으로 돌아오지 않는 아들을 기다리는 경험을 직접 하면서 그 때 나를 기다리시던 아버지의 마음을 좀더 분명히 헤아리게 되었습니다.

하루는 아들을 데리고 집 앞에 있는 쇼핑몰에 간 아내가 저녁 9시가 넘었는데도 돌아 오지 않았습니다. 쇼핑몰 문 닫는 시간을 9시로 알고 있었기 때문에 조금만 더 있으면 오겠지 하고 기다렸지만 9시 30분이 넘어도 돌아 오지 않았습니다. 차를 가지고 가지 않았기 때문에 걸어서 온다고 할지라도 벌써 오고도 남을 시간인데도 아내와 아들은 돌아 오지 않았습니다. 그 당시 아내는 평소에 핸드폰을 가지고 다니지 않았기 때문에 연락할 방법도 없었습니다. 마음이 점점 불안해진 나는 집 밖으로 나가서 아내와 아들이 올만한 방향으로 계속 돌아 다니며 살펴 보았지만 어디에서도 아내와 아들의 모습은 보이지 않았습니다. 그래서 혹시 길이 엇갈려 내가 밖에 나와 있는 사이에 집으로 돌아왔을지도 모르겠다 싶어서 다시 집으로 와보았지만 아내와 아들은 여전히 집에 없었습니다. 그리고 그 때의 시간은 이미 저녁 10시를 넘어서고 있었습니다.

그렇게 돌아오지 않는 아내와 아들을 기다리면서 나의 마음은 점점 더 큰 불안과 초조와 걱정으로 타들어 갔습니다. 그런데 사실 좀더 솔직히 말하자면, 불안해하고 초조해하는 나의 마음에는 아내보다는 아들에 대한 걱정이 더 많았습니다. 그런 걱정 속에서 돌아올 시간이 훨씬 지났는데도 집으로 돌아오지 않는 어린 아들을 기다리면서 마음이 불안하고 초조하여 거의 울음이 터지기 직전이었습니다. 눈은 시리고 입술은 마르고 가슴은 슬픔으로 터질 것만 같았습니다. 그러면서 그 옛날 내가 가출했을 때 나를 집 앞에서 기다리시던 아버지의 모습을 다시 떠올리게 되었습니다.

그런데 10시 20분쯤 되자 아내는 유모차에 태운 아들을 데리고 집으로 돌아 왔습니다. 반가운 마음은 뒷전으로 한 채 불같이 화를 내는 나에게 아내는 쇼핑몰이 문 닫은 후에 그 옆에 있는 월마트에 가서 10시에 문 닫을 때까지 이것저것 구경하다가 아들이 원하는 장난감 몇 개를 사가지고 왔다는 해명을 했습니다. 사전에 연락도 없이 너무 늦게 귀가한 아내에게 무척이나 화가 났지만 그래도 아내와 아들이 무사히 집으로 돌아 왔다는 사실 때문에 마음 속의 모든 응어리가 다 풀리면서 도리어 너무 감사하고 기뻤습니다. 그러면서 예전에 집 나간 나를 기다리시던 아버지의 심정이 너무나도 선명하게 내 마음속에 와 닿았습니다.

집나간 탕자 이야기에 보면 아버지의 재산을 상속받아 집을 나간 탕자를 기다리는 아버지의 모습(요15:20)이 나옵니다. 상속받은 아버지의 재산을 허랑방탕하게 탕진한 탕자는 과연 아버지가 나를 받아 주실까 하는 두려운 마음에 차마 집으로 발걸음을 옮기지 못하고 주저하고 있는데 멀리서 아버지가 집으로 돌아오고 있는 초라한 행색의 아들을 먼저 발견합니다. 렘브란트가 그린 <탕자의 귀향>이라는 그림은 돌아온 탕자의 행색이 얼마나 비참하고 초라했는지를 잘 보여 주고 있습니다. 샌들이 벗겨진 탕자의 왼발은 상처투성이고 오른발은 망가진 샌들이 겨우 부분적으로 감싸고 있습니다. 이렇게 가난과 상처에 찌든 초라한 행색의 작은 아들을 발견한 아버지의 마음은 너무나도 아팠습니다. 그리고 그런 아들이 너무나도 측은하고 불쌍했습니다. 그래서 아버지는 아들을 향해 한달음에 달려가서 아들을 껴안고 입을 맞추었습니다.

행색이 완전히 변해버려 보통 사람들은 알아보지도 못하는 작은 아들을 먼 거리에서도 단숨에 알아보고는 불쌍히 여기고 긍휼이 여기는 마음으로 초라한 아들을 향해 달려가는 아버지의 모습에서 우리는 언제 돌아올 지도 모르는 아들을 날마다 초조하고 간절하게 기다리는 아버지의 사랑의 마음을 읽을 수가 있습니다. 렘브란트의 <탕자의 귀향>이라는 그림에는 탕자를 껴안은 아버지의 눈이 초점을 잃은 채 짓물러 있다고 합니다. 헨리 나우웬은 이 그림을 해설하면서 아들이 집으로 돌아올 그 길을 매일같이 뚫어지게 바라보다가 눈이 짓물러 시력을 반쯤 잃게 된 아버지의 눈에는 초점이 없다고 설명합니다. 아버지는 눈이 멀기까지 아들이 돌아올 길을 바라보며 하루도 빠짐없이 매일 탕자를 기다렸던 것입니다. 헨리 나우웬은 이렇게 매일 탕자를 기다리다 시력을 거의 상실한 아버지는 하나님께 반역한 우리를 눈이 멀기까지 기다리시는 하나님의 사랑을 말해 준다고 해설합니다.

하나님 아버지께서는 우리의 방탕함과 초라함과 상처와 가난함을 모두 지켜 보고 계십니다. 하나님 아버지의 눈은 우리의 방황과 눈물과 고민을 측은히 여기고 불쌍히 여기며 바라보고 계십니다. 또한 하나님 아버지의 눈은 집나간 탕자인 우리가 돌아오기를 바라는 간절함 기다림으로 가득합니다. 그 기다림이 너무나도 크고 간절해서 하나님 아버지의 눈은 짓물러 멀게 되었습니다. 그럼에도 불구하고 하나님 아버지는 저 멀리서도 우리의 모습을 아시고 우리의 울음 소리를 들으십니다. 우리를 향한 하나님 아버지의 사랑은 이렇게 크고 깊습니다. 눈이 멀기까지 우리를 기다리시는 하나님 아버지의 기다림에는 이렇게 큰 긍휼과 자비와 사랑이 담겨 있습니다. 이런 형언할 수 없이 크고 넓은 사랑으로 하나님 아버지는 우리를 간절히 기다리고 계십니다. 왜냐하면 우리를 사랑하시기 때문입니다.

누군가를 사랑하는 자만이 그 사람을 기다립니다.

05
환희의 축제

"이 [아들]은 죽었다가 살아났으며 내가 잃었다가 얻었기로 우리가 즐거
워하고 기뻐하는 것이 마땅하다 하니라" _ 눅15:32

1991년에 발생한 어린이 유괴사건을 실화로 하여 만든 <그 놈 목소
리>라는 한국 영화를 본 적이 있습니다. 그 영화는 아들을 잃어버린
부모의 처참한 고통과 망연자실한 슬픔을 너무나도 실감나게 잘 표현
했습니다. 그 영화를 보면서 아들을 잃어버린 아버지의 절규가 나에게
감정이입이 되어 마음이 참 괴롭고 착잡했습니다. 아들을 가진 아버지
로서 어린 자식을 잃어버린 아버지의 고통과 슬픔과 절망을 절절히 공
감할 수 있었기 때문이었습니다. 특별히 유괴범에게 결국은 아들이 살
해 당한 것을 안 아버지가 아들을 영원히 잃어버린 슬픔에 통곡하며
절규하는 장면에서는 나도 그 슬픔을 이기지 못해 영화 속의 아버지와
함께 훌적거렸습니다. 그러면서 마음 속으로 마지막에 영화가 극적으
로 반전되어 죽은 줄만 알았던 아들이 살아 돌아와 아버지를 다시 만

나는 걸로 마무리되었으면 좋겠다는 그런 말도 안되는 헛된 소망까지 품었습니다.

잃어버렸던 돈을 다시 찾아도 말할 수 없는 기쁨이 찾아 오는데 잃어 버린 줄만 알았던 아들을 다시 찾은 기쁨은 잃어버린 돈을 찾은 기쁨 과는 비교할 수 없을 만큼 클 것입니다. 그러니 죽은 줄만 알았던 아들 이 다시 살아 돌아 온다면 그 기쁨이 얼마나 크겠습니까? 죽은 줄만 알았던 아들이 살아 있다는 것을 발견한 기쁨은 도저히 측량할 수 없 을 만큼 크고 기쁠 것입니다. 그래서 나는 유괴된 아들이 결국 죽었다 는 소식을 들은 영화 속의 아버지가 견딜 수 없는 슬픔으로 통곡하고 절규하는 장면을 보면서 죽은 줄만 알았던 아들이 다시 살아나는 것으 로 영화가 끝나기를 간절히 바랬던 것입니다. 왜냐하면 만약 죽은 줄 만 알았던 아들이 다시 살아나 아버지 앞에 나타난다면 아들을 잃어버 린 아버지의 형언할 수도 측량할 수도 없는 고통과 슬픔이 그 모든 것 을 보상하고도 남는 기쁨과 즐거움으로 바뀔 것이기 때문입니다.

예전에 쇼핑몰에서 짧은 시간 동안에 아직 3살도 채 안되었던 아들 을 잃어버린 슬픔과 아들을 다시 찾은 기쁨을 함께 경험했던 적이 있 습니다. 쇼핑몰에만 가면 정신없이 뛰어 다니고 돌아다니는 어린 아들 을 우리 부부는 언제나 신중하고 주의깊게 지켜보고 살폈습니다. 그런 데 그 날 우리 부부는 칸마다 물건이 높이 쌓여 있는 쇼핑몰에서 관심 있는 물건 하나를 함께 유심히 살피면서 살까 말까 고민하다가 아들이 자기 마음대로 멀리 뛰어 가는 것을 미처 보지 못했습니다. 우리 부부가 물건 하나에 집중한 채 아들에게 부주의했던, 길어야 30초 정도 밖에 안되는 그 짧은 시간에 아들은 어느새 우리들의 시야에서 사라져 버렸습니다. 아들이 사라져 버린 것을 안 순간 너무나도 당황하고 놀란 우리는 아들의 이름을 불렀지만 아들은 이미 우리 주위에서 사라진 뒤였습니다.

아들이 사라진 지 1분이 지나고 2분쯤 되었는데도 아들을 찾지 못하자 우리 부부의 마음은 거의 공황 상태에 빠졌습니다. 우리는 너무나도 놀라고 두려운 마음으로 주변 사람들의 시선은 개의치 않은 채 큰 소리로 아들의 이름을 불렀습니다. 그런데 아들을 찾지 못한 채 5분 정도의 시간이 지나자 갑자기 내 마음속에서 이대로 아들을 잃어버리는 것이 아닌가 하는 공포와 함께 참을 수 없는 고통과 슬픔이 몰려왔습니다. 그 고통과 슬픔의 중압감으로 숨을 제대로 쉴 수도 없었습니다. 그리고 눈에서는 금방이라도 눈물이 쏟아질 것만 같았습니다. <그놈 목소리>라는 영화에 나왔던 아들을 유괴당한 아버지의 괴롭고 처참한 감정이 그대로 내 마음속에 이입이 되었습니다. 그런 육중한 슬픔과 고통의 무게를 겨우 견디면서 미친 사람처럼 아들의 이름을 불렀습니다.

그런데 아들의 이름을 애타게 부르며 허겁지겁 돌아다니는 우리 부부의 모습을 멀리서 보고 있던 한 백인 여자가 저쪽에서 진열대 하나를 가리키며 '혹시 저기 있는 아이가 너희들이 찾는 아이가 아닌가' 하는 의미의 손짓을 했습니다. 거의 혼절 직전의 우리 부부는 "제발, 아들이 거기 있기를" 하는 간절한 마음으로 백인 여자가 손짓하는 곳으로 달려 갔습니다. 그런데 그 진열대 통로에서 철없는 어린 아들이 이물건 저 물건을 만지작 거리며 정신없이 놀고 있었습니다. 아들을 발견한 나는 정말로 화가 난 목소리로 아들의 이름을 부르며 달려갔습니다. 그리고 아버지의 화난 목소리에 화들짝 놀라 돌아보는 아들을 와락 끌어 당겨 안았습니다. 그 순간 정말 형언할 수도 측량할 수도 없는 안도의 기쁨이 마음 속에서 솟구쳐 올랐습니다. 아주 잠시 동안 아들을 잃어버렸었지만 그 아들을 다시 찾았을 때의 그 기쁨의 크기와 깊이는 도저히 말로 표현할 수가 없을 정도였습니다.

예수님은 누가복음 15장에서 잃어버린 양, 잃어버린 동전, 잃어버린 아들에 대한 이야기를 하셨습니다. 예수님께서 말씀하신 이 3부작 이야기는 모두 잃어버린 슬픔이 먼저 부각된 뒤에 다시 찾은 기쁨을 축하하는 것으로 끝이 납니다. 양 한 마리를 잃어버린 사람이 깊은 슬픔 가운데 잃어버린 양을 찾기 위해 들판과 산골짜기를 돌아 다니다가 양을 발견합니다. 그렇게 잃어버린 양을 다시 찾은 그 사람은 너무 기뻐서 양을 어깨에 메고 덩실덩실 춤을 추며 집으로 돌아와 친구들과 동네 사람들을 모두 불러 잔치를 벌입니다. 동전 하나를 잃어 버렸던 여인도 잃어버린 줄만 알았던 동전을 찾게 되자 친구들과 이웃들을 불러 모아 기쁨을 함께 나눕니다. 그리고 집 나간 아들을 눈이 멀 정도로 간절히 기다리던 아버지는 아들이 다시 집으로 돌아 오자 아들에게 가장 좋은 옷을 입히고 손에 금반지를 끼우고 좋은 신발을 신긴 후에 살진 송아지를 잡아 큰 잔치를 베풉니다. 왜냐하면 죽은 줄만 알았던 아들이 살아서 다시 돌아 왔기 때문입니다. "이 [아들]은 죽었다가 살아났으며 내가 잃었다가 얻었기로 우리가 즐거워하고 기뻐하는 것이 마땅하다 하니라"(눅15:32).

필립 얀시의 책 <놀라운 하나님의 은혜>에는 탕자의 비유를 각색한 이야기가 나옵니다. 성경 속의 탕자를 집을 가출한 소녀로 각색한 이 이야기에서 필립 얀시는 집을 나간 소녀가 마침내 다시 아버지의 집으로 돌아오는 장면을 이렇게 묘사합니다. "콘크리트 벽에 플라스틱 의자뿐인 미시간 주 트래버스 시티 터미널 안에 형제 자매부터 시작해, 삼촌들, 사촌들, 할머니, 증조할머니, 이모할머니까지 무려 사십명이나 되는 일가친척들이 다 나와 있는 것이다. 저마다 우스꽝스러운 파티 모자를 쓰고는, 요란한 악기를 불면서. 터미널 벽은 온통 컴퓨터로 뽑아낸 '환영!' 현수막으로 뒤덮여 있었다. 환영 인파 속에서 아빠가 다가오자 소녀는 녹아내리는 수은처럼 눈물이 아른거리는 눈으로 아빠를 보며 외워둔 말을 하기 시작한다. '아빠, 죄송해요...' 그러나 아빠가 말을 막는다. '쉿, 이러고 있을 때가 아니야. 용서를 빌고 있을 시간이 없어. 파티에 늦을라. 집에서 잔치가 널 기다리고 있거든.'"

잃어버린 펜 하나라도 다시 찾으면 그 기쁨이 이루 말할 수가 없을진데 잃어버린 아들을 다시 찾았을 때의 기쁨은 어떠하겠습니까? 그 기쁨의 크기와 깊이는 인간의 기준으로는 도저히 측량할 수도 없을 만큼 크고 깊을 것입니다. 잃어버린 아들을 다시 찾은 기쁨은 도저히 찾을 수 없을 것이라고 단념했던 가장 소중한 것을 다시 찾은 기쁨입니다. 이 기쁨이 바로 죄인 되었던 우리가 다시 하나님께로 돌아 올 때 하나님께서 느끼시는 기쁨입니다. 그래서 헨리 나우웬은 이렇게 말했습니다. "하나님은 기뻐하신다. 세상의 문제들이 다 해결되었기 때문도 아니며, 모든 인간의 고통과 고난이 막바지에 이르렀기 때문도 아니고, 수 천명의 사람들이 회개하고 이제는 그 분의 인자하심을 찬양하기 때문도 아니다. 그게 아니라, 하나님께서 기뻐하시는 이유는 잃어버렸던 자녀들 중의 한 사람을 찾았기 때문이다."

잃어버렸다가 다시 찾은 양을 어깨에 매고 덩실덩실 춤을 추는 목자가 바로 하나님 아버지의 모습입니다. 잃어버린 동전 하나를 들고 기뻐날 뛰는 주부가 바로 하나님 아버지의 모습입니다. 집안의 재산을 반이나 탕진하고 돌아온 아들을 아버지의 체신조차 버린 채 뛰어가 기쁨으로 끌어 안는 아버지가 바로 하나님 아버지의 모습입니다. 그리고 다시 돌아 온 아들을 위해 천사들도 흠모할 만한 크고 요란한 잔치를 베풀어 주는 아버지가 바로 하나님 아버지의 모습입니다. 하나님 아버지는 죄인 하나가 돌아 올 때 천국의 모든 보물 보화를 다 사용하여 잔치를 베푸실 만큼 그렇게 크게 기뻐하고 기뻐하십니다. 이런 하나님의 기쁨은 아들을 잃었다가 다시 찾은 아버지의 기쁨입니다. 죽은 줄만 알았던 아들을 다시 만난 아버지의 기쁨입니다. 그 기쁨에 겨워 하나님 아버지는 기쁨의 잔치를 베푸십니다.

하나님 아버지께로 다시 돌아가 하나님 아버지께서 베푸시는 환희의 축제에 참여하지 않으시겠습니까?

에필로그

고통은 사라지나 사랑은 남는다

고통은 사라지나
사랑은 남는다

아버지가 된 기쁨은 그 어떤 말로도 표현할 수 없을 만큼 신비로운 것이었습니다. 이 세상의 그 어떤 기쁨보다도 더 큰 기쁨을 아들을 통해 얻었습니다. 때로는 아들로 인한 기쁨 때문에 온 몸을 떨며 전율했습니다. 하지만 이보다 더 신비로운 기쁨은 아들을 통해서 우리를 향한 하나님 아버지의 사랑과 마음을 더욱 더 실감나게 느끼고 더욱 더 확실히 깨닫게 되었다는 것입니다. 오랜 독신 생활로 인해 가족의 의미와 아버지의 역할에 대해 무지했던 나는 우왕좌왕 좌충우돌하며 아들을 키우는 과정을 통해 하나님 아버지의 사랑과 마음을 더욱 분명히 알고 느끼고 경험했습니다. 차고 넘치는 사랑 속에서 우리를 바라보시며 기뻐하시는 하나님을 새롭게 만났습니다. 그리고 이런 깨달음과 경험은 하나님 아버지의 사랑과 심정으로 목양해야만 하는 목사에게는 아버지가 된 기쁨보다 더 귀하고 신비로운 기쁨이었습니다.

아들로 인해 아버지가 누리게 되는 충만한 기쁨은 아들을 향한 아버지의 사랑에서 기인한 것이라 할 수 있습니다. 아버지가 아들을 바라보며 얻게 되는 기쁨의 중심에는 아들을 향한 아버지의 충만한 사랑이 자리잡고 있습니다. 아버지가 아들을 너무나도 깊이 사랑하기 때문에 아들로 인해 모든 것이 기쁨이요 행복이 될 수가 있는 것입니다. 다시 말해, 아버지와 아들이 함께 나누는 사랑을 통해 모든 기쁨과 행복이 솟아 나는 것입니다. 그러므로 하나님의 자녀들인 우리도 하나님 아버지와 참 사랑을 나눌 때 참 기쁨과 행복을 누릴 수가 있습니다.

어느 겨울, 대전에 사는 박모군의 아버지가 쓰러졌습니다. 간암이었습니다. 병원에서는 간 이식 말고는 다른 치료 방법이 없다고 말했습니다. 어머니, 누나, 큰아버지까지 모두 간 조직 검사를 받았지만 부적합 판정을 받았습니다. 그러나 박군은 너무 어렸기 때문에 검사를 받을 수가 없었습니다.

그러나 다음 해 2월이 되어 생일을 맞이한 박모군은 드디어 만 16세가 되었습니다. 그래서 어머니께 검사를 받고 싶다고 말했습니다. 어머니는 걱정스러웠지만 아들이 고집을 부려 검사를 받았습니다. 결과는 적합 판정이었습니다. 하지만 아버지는 아들의 건강이 염려스러워 아들의 간을 이식받지 않겠다고 했습니다. 그러나 아들은 당연히 해야할 일이라며 아버지를 설득했습니다. 아버지는 수술실에 들어가는 순간까지 아들에게 미안해 했습니다. 그렇게 아버지와 아들은 나란히 수술대 위에 누웠습니다.

  아들은 9시간, 아버지는 15시간의 대수술이 진행되었습니다. 감사하게도 수술은 성공적으로 끝났습니다. 다음 날 아들은 무균실 안에 누워있는 아버지를 면회했습니다. 아버지와 아들은 서로의 손을 잡고 싶었지만 대신 전화기를 잡고 대화를 나누어야만 했습니다. 아버지와 아들은 서로를 걱정하며 "괜찮으냐"고 물었습니다. 전화기를 통해 서로의 목소리를 들으며 아버지와 아들은 애써 눈물을 삼켰습니다. 그렇게 아버지와 아들은 사랑을 나누고 생명을 나누었습니다. 그리고 가족들이 견뎌온 고통의 긴 겨울도 끝나고 있었습니다.

  고통은 사라지나 사랑은 남습니다.